ステップ30

留学生のための
Word 2016

ワークブック

CUTT
カットシステム

もくじ

※演習問題の解答は、以下のWebページに掲載してあります。
　http://www.cutt.jp/books/word2016_832/

Wordの起動と文字入力

Wordは様々な文書を作成できるアプリケーションです。最初の演習項目となるステップ01では、Wordの起動方法や文字入力、漢字変換について学習します。

● Wordの役割

　Wordは、論文やレポート、仕事で使う書類、掲示物、ハガキなど、あらゆる文書の作成に利用できるアプリケーションです。1ページで完結する文書はもちろん、何ページにも及ぶ文書をWordで作成することも可能です。作成した文書はプリンターで印刷して利用する場合だけでなく、電子メールの添付ファイルとして他人に送信する場合などにも利用できます。

● Wordの起動

　それでは、さっそくWordの利用方法を解説していきましょう。まずは、Wordを起動するときの操作手順を解説します。

 ワンポイント

タイルの活用
「Word 2016」のタイルがスタート画面に表示されている場合は、このタイルをクリックしてWordを起動しても構いません。

クリック

図1-1 デスクトップの左下にある［スタート］ボタンをクリックします。

これを選択

図1-2 アプリの一覧が表示されるので、「Word 2016」を選択してWordを起動します。

Wordの起動画面

Wordを起動すると、図1-3のような画面が表示されます。ここで「白紙の文書」をクリックすると、何も入力されていない白紙の文書が画面に表示されます。

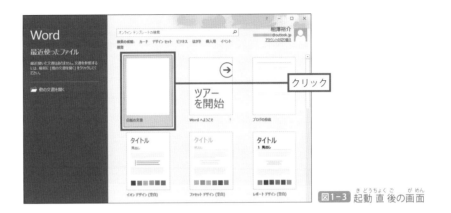

クリック

図1-3 起動直後の画面

日本語の入力と漢字変換

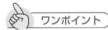
ワンポイント

「ん」の入力
「ん」の文字を入力するときは [N] キーを2回続けて押すのが基本です。「きねん」と「きんえん」のように、ローマ字の読みが同じ語句を区別して入力する際に活用してください。

Wordの初期設定は**全角入力**モードになっているため、そのまま文字を入力（ローマ字入力）していくだけで日本語を入力できます。漢字を含む文章は、「読みの入力」→「漢字変換」→「確定」という手順で入力します。漢字変換の操作には [スペース] キーを利用します。続いて [Enter] キーを押すと、漢字変換を確定できます。同様の手順でカタカナや記号へ変換することも可能です。

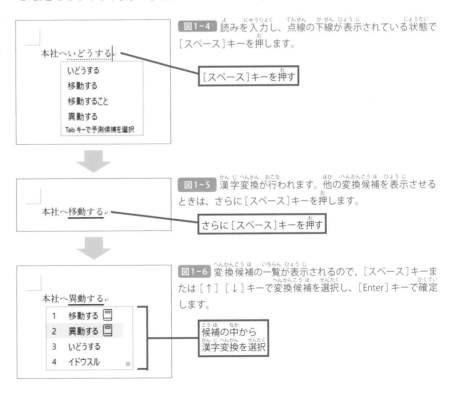

図1-4 読みを入力し、点線の下線が表示されている状態で [スペース] キーを押します。

[スペース] キーを押す

図1-5 漢字変換が行われます。他の変換候補を表示させるときは、さらに [スペース] キーを押します。

さらに [スペース] キーを押す

図1-6 変換候補の一覧が表示されるので、[スペース] キーまたは [↑] [↓] キーで変換候補を選択し、[Enter] キーで確定します。

候補の中から漢字変換を選択

● 漢字変換する文節の変更

　漢字変換は**文節単位**で操作する仕組みになっています。変換対象とする文節は [←]**キー**と [→]**キー**で移動させます。もちろん、この操作は [Enter]キーで漢字変換を確定する前に行わなければいけません。

図1-7 「著名な」が変換対象の状態で [→]キーを押すと…、

図1-8 「化学者」が変換対象になります。この状態で [スペース]キーを押すと、(かがくしゃ)の変換候補を表示できます。

● 区切り位置の変更

　漢字変換を行う文節は自動的に判断されますが、この区切り位置が正しくない場合もあります。このような場合は [Shift]キーを押しながら [←]や [→]のキーを押します。[Shift]＋[←]キーを押すと文節を1文字短く、[Shift]＋[→]キーを押すと文節を1文字長くできます。

図1-9 「ここでは」が変換対象の状態で [Shift]＋[←]キーを押すと…、

図1-10 「ここで」で文節が区切られます。続いて、[→]キーを押して変換対象を「は」に移動し、[Shift]＋[→]キーを3回押すと「はきもの」(履物)を漢字変換できます。

● 半角文字の入力方法

　アルファベットや数字、記号などを**半角文字**で入力することも可能です。全角入力モードと半角入力モードは、[**半角/全角**]キーを押して切り替えます。

キーボードの左上にある [半角/全角]キーを押すと、入力モードを切り替えられます。

図1-11 全角入力モードのときは、タスクバーに「あ」と表示されます。

図1-12 半角入力モードのときは、タスクバーに「A」と表示されます。

● カーソルの移動

文字を入力する位置を示す**カーソル**は、**マウスのクリック**で移動させます。そのほか、キーボードの[←][→][↑][↓]**キー**を押してカーソルを移動させることも可能です。

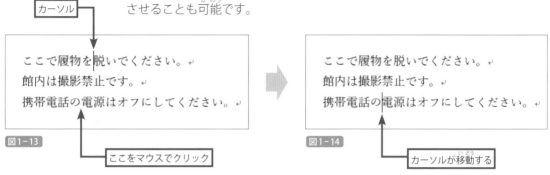

カーソル

図1-13

ここで履物を脱いでください。↵
館内は撮影禁止です。↵
携帯電話の電源はオフにしてください。↵

ここをマウスでクリック

図1-14

ここで履物を脱いでください。↵
館内は撮影禁止です。↵
携帯電話の電源はオフにしてください。↵

カーソルが移動する

● 文字の削除

入力した文字を削除するときは、[BackSpace]キーまたは[Delete]キーを利用します。[BackSpace]キーを押した場合は、カーソルの前にある文字が1文字削除されます。[Delete]キーを押した場合は、カーソルの後にある文字が1文字削除されます。

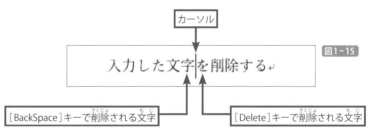

カーソル

図1-15

入力した文字を削除する↵

[BackSpace]キーで削除される文字

[Delete]キーで削除される文字

演 習

（1）Wordを起動し、以下の文章を入力してみましょう。

バイオ燃料↵
バイオ燃料は、トウモロコシなどの農産物から製造されるアルコール燃料です。地球温暖化の防止に役立つ技術として注目を集めていますが、食料となるはずの農産物が自動車用燃料として利用されるため、「世界の飢餓を増長する」という問題が指摘されています。↵

（2）演習（1）で入力した文章中にある「指摘」の文字を「懸念」（けねん）に修正してみましょう。

ファイルの保存と読み込み

Wordで作成した文書はファイルに保存して管理します。続いては、文書をファイルに保存する方法、ならびに保存したファイルから文書を読み込む方法を解説します。

文書をファイルに保存する

Wordで作成した文書をファイルに保存するときは、[ファイル]タブを選択し、以下のように操作します。

このタブを選択

図2-1 [ファイル]タブを選択します。

①これを選択

②クリック

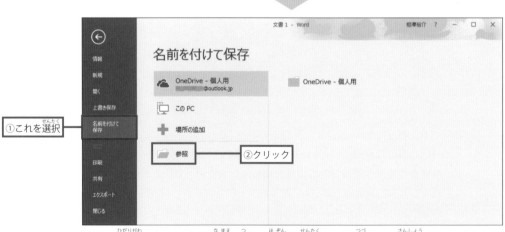

図2-2 左側のメニューから「名前を付けて保存」を選択します。続いて、「参照」をクリックします。

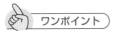
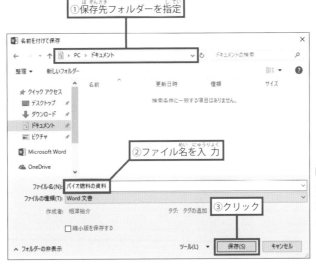

①保存先フォルダーを指定

②ファイル名を入力

③クリック

図2-3 保存先フォルダーを指定し、ファイル名を入力します。続いて、[保存]ボタンをクリックすると、ファイルの保存が実行されます。

● 保存した文書をWordで開く

文書をファイルに保存できたら、いちどWordを終了し、ファイルを正しく開けるか確認してみましょう。保存したファイルのアイコンをダブルクリックすると、その文書をWordで開くことができます。

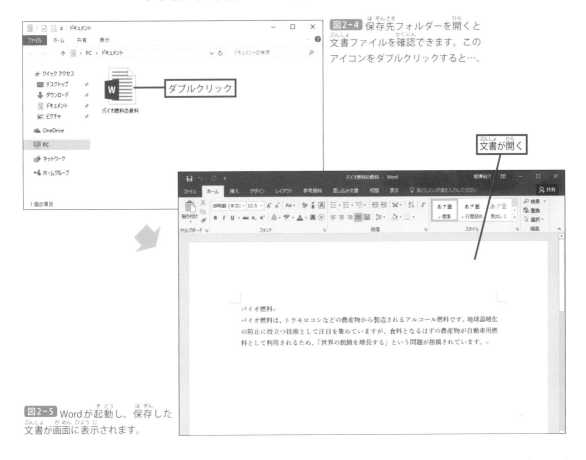

ダブルクリック

図2-4 保存先フォルダーを開くと文書ファイルを確認できます。このアイコンをダブルクリックすると…、

文書が開く

バイオ燃料。
バイオ燃料は、トウモロコシなどの農産物から製造されるアルコール燃料です。地球温暖化の防止に役立つ技術として注目を集めていますが、食料となるはずの農産物が自動車用燃料として利用されるため、「世界の飢餓を増長する」という問題が指摘されています。

図2-5 Wordが起動し、保存した文書が画面に表示されます。

● ファイルの上書き保存

ワンポイント

[Ctrl]＋[S]キー
上書き保存の操作をキーボードで行うことも可能です。この場合は、[Ctrl]キーを押しながら[S]キーを押します。便利な操作方法なので、ぜひ覚えておいてください。

文書に何らかの修正を加えたときは、ファイルの**上書き保存**を実行し、ファイルの内容を更新しておく必要があります。この操作は、[**ファイル**]タブを選択してから「**上書き保存**」をクリックすると実行できます。

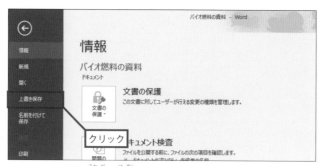

図2-6 ファイルの上書き保存

● 名前を付けて保存

現在のファイルを維持したまま、編集中の文書を別のファイルに保存することも可能です。この場合は[ファイル]タブにある「**名前を付けて保存**」を選択し、P10〜11と同様の手順（新規にファイルを保存する場合の手順）で操作を行います。

図2-7 文書を別名でファイルに保存するときは、[ファイル]タブにある「名前を付けて保存」を選択し、「参照」をクリックします。

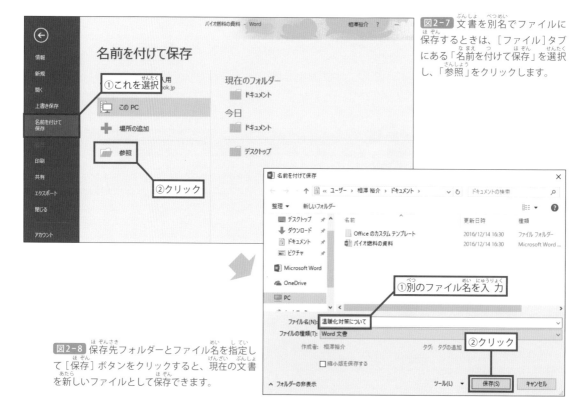

図2-8 保存先フォルダーとファイル名を指定して[保存]ボタンをクリックすると、現在の文書を新しいファイルとして保存できます。

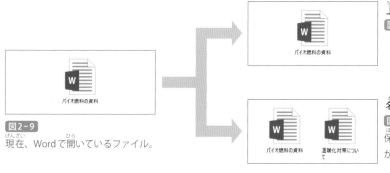

上書き保存
図2-10 元のファイルが更新されます。

図2-9
現在、Wordで開いているファイル。

名前を付けて保存
図2-11 別の名前で新しいファイルに保存されます。この場合、元のファイルが変更されることはありません。

● OneDrive について

Wordには、ファイルを **OneDrive** に保存する機能も用意されています。OneDriveとは、マイクロソフトが提供する無料のクラウド ストレージのことで、インターネット上にファイルを保存できるサービスとなります。自宅のパソコンだけでなく学校にあるパソコンでも文書の閲覧や編集を行いたい場合は、この OneDrive にファイルを保存しておくとよいでしょう。

（※）OneDriveを利用するには、Microsoftアカウントを取得し、サインインしておく必要があります。

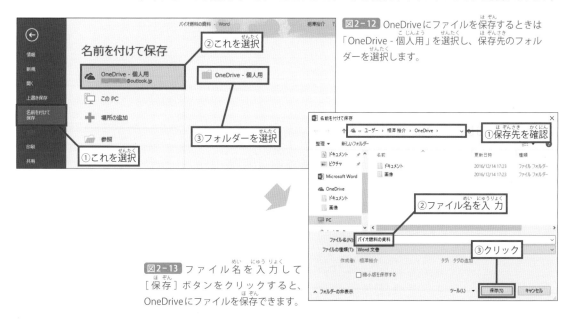

図2-12 OneDriveにファイルを保存するときは「OneDrive - 個人用」を選択し、保存先のフォルダーを選択します。

図2-13 ファイル名を入力して［保存］ボタンをクリックすると、OneDriveにファイルを保存できます。

演 習

（1）**ステップ01の演習（1）**のように文書を作成し、文書をファイルに保存してみましょう。

（2）いちどWordを終了したあと、**演習（1）**で保存したファイルをダブルクリックして文書を開いてみましょう。

（3）続いて、文書の1行目を「**バイオ燃料について**」に変更し、**上書き保存**してみましょう。

Wordの画面構成

ステップ03ではWordの画面構成について解説します。編集作業や文書の拡大／縮小などをスムーズに行えるように、各部の名称と基本的な操作方法を学習しておいてください。

● Wordの画面構成

Wordは、以下のような画面構成で文書が表示されます。まずは、各部の名称と大まかな役割を把握しておきましょう。

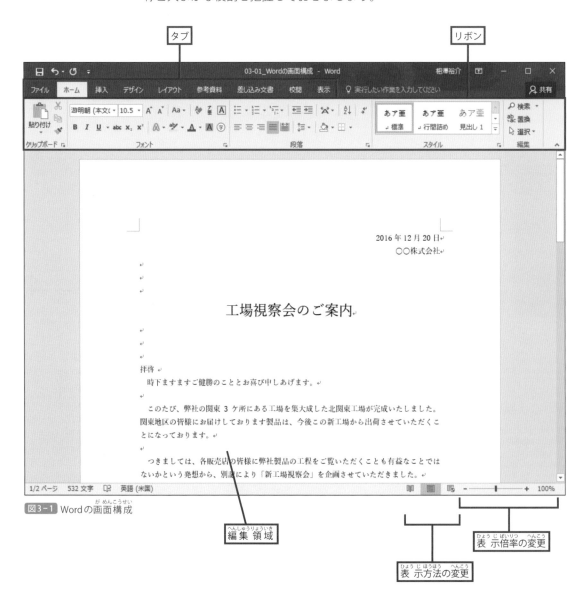

図3-1 Wordの画面構成

◆タブ
ここで大まかな操作内容を指定します。選択したタブに応じてリボンに表示される内容が変化します。なお、ファイルの保存や文書の印刷などを行うときは、ここで［ファイル］タブを選択します。

◆リボン
さまざまな操作コマンドが表示される領域です。ここに表示される内容は、選択しているタブに応じて変化します。

◆編集領域
文書が表示される領域です。文書を作成するときは、ここで文書の内容を確認しながら編集作業を進めていきます。

●タブの選択とリボンの表示

先ほど説明したように、**リボン**に表示されるコマンドは、選択している**タブ**に応じて変化します。このため、実際に操作を行うときは、「タブで大まかな操作を選択」→「リボンで操作コマンドを選択」という手順で操作するのが基本です。

図3-2 ［挿入］タブを選択したときのリボンの表示

図3-3 ［レイアウト］タブを選択したときのリボンの表示

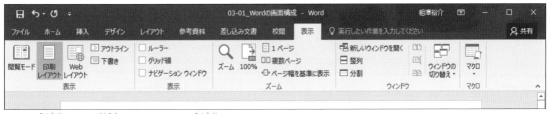

図3-4 ［表示］タブを選択したときのリボンの表示

● 表示倍率の変更

ワンポイント

表示倍率を数値で指定
「○○％」と表示されている部分をマウスでクリックすると、「ズーム」ウィンドウが表示され、文書の表示倍率を数値（％）で指定できるようになります。

ワンポイント

ホイールで拡大／縮小
マウスを使って文書の表示倍率を拡大／縮小することも可能です。この場合は、キーボードの[Ctrl]キーを押しながらマウスホイールを上下に回転させます。

編集領域に表示されている文書は、その表示倍率を自由に変更できます。表示倍率を変更するときは、ウィンドウ右下にある**ズーム**を操作します。

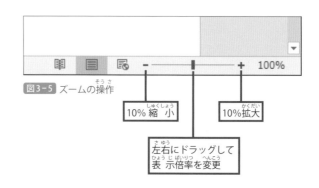

図3-5 ズームの操作

10％縮小

10％拡大

左右にドラッグして表示倍率を変更

図3-6 小さい文字の編集を行うときは、表示倍率を拡大するとスムーズに作業を進められます。

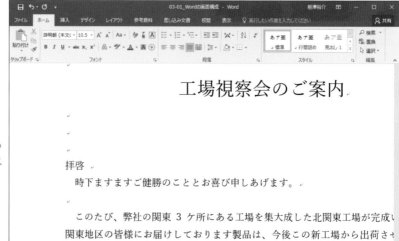

表示倍率を拡大

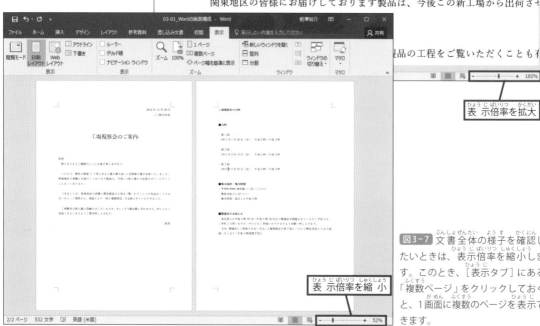

表示倍率を縮小

図3-7 文書全体の様子を確認したいときは、表示倍率を縮小します。このとき、[表示タブ]にある「複数ページ」をクリックしておくと、1画面に複数のページを表示できます。

また、[表示]タブのリボンにも表示倍率を変更するためのコマンドが用意されています。こちらは、1ページ/複数ページの表示切り替えを行う場合などに利用します。

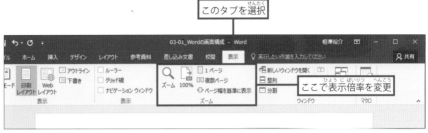

図3-8 表示倍率を変更するコマンド

● 表示方法の変更

ウィンドウの右下には、表示方法を変更するアイコンが配置されています。通常は印刷レイアウトの表示方法で編集作業を進めていきますが、このほかにもWordには以下の表示方法が用意されています。

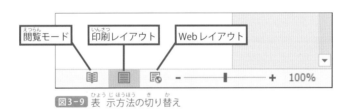

図3-9 表示方法の切り替え

◆ 閲覧モード
　文書の閲覧だけを行う場合に使用します。この表示方法を選択しているときは、文書を修正できません。

◆ 印刷レイアウト
　最も標準的な表示方法です。通常はこの表示方法で文書の編集作業を進めていきます。

◆ Webレイアウト
　Wordを使ってホームページを作成する場合などに使用します。

演習

(1) [挿入]〜[表示]タブを順番に選択し、リボンの表示がどのように変化するかを確認してみましょう。

(2) ステップ02の演習(3)で保存したファイルを開き、表示倍率を150%に変更してみましょう。

(3) マウスホイールを使って、文書の表示倍率を拡大/縮小してみましょう。

Step 04
文字の書式設定（1）

ここからは実際にWordで文書を作成していくときの操作方法について解説します。まずは、入力した文字のフォントや文字サイズ、文字色などを変更する方法を解説します。

● 文字の選択

文字の書式を指定するときは、最初に**文字の選択**を行います。この操作は、文字上をマウスでドラッグすると実行できます。そのほか、[Shift]キーを押しながら[矢印]キーを押して文字を選択することも可能です。

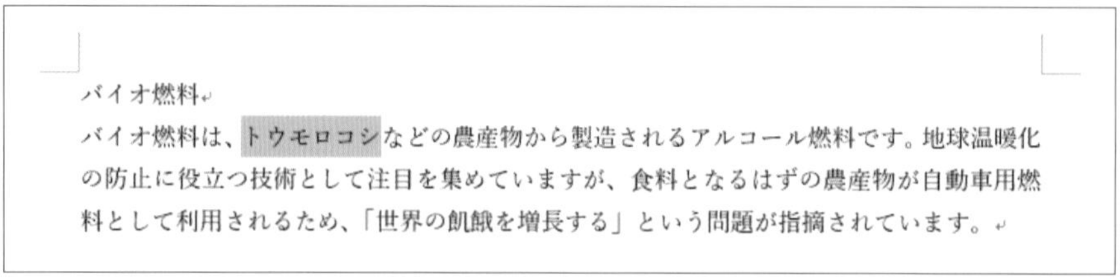

バイオ燃料↵
バイオ燃料は、トウモロコシなどの農産物から製造されるアルコール燃料です。地球温暖化の防止に役立つ技術として注目を集めていますが、食料となるはずの農産物が自動車用燃料として利用されるため、「世界の飢餓を増長する」という問題が指摘されています。↵

図4-1 文字の選択は、マウスをドラッグして行います。選択された文字は、背景が灰色で表示されます。

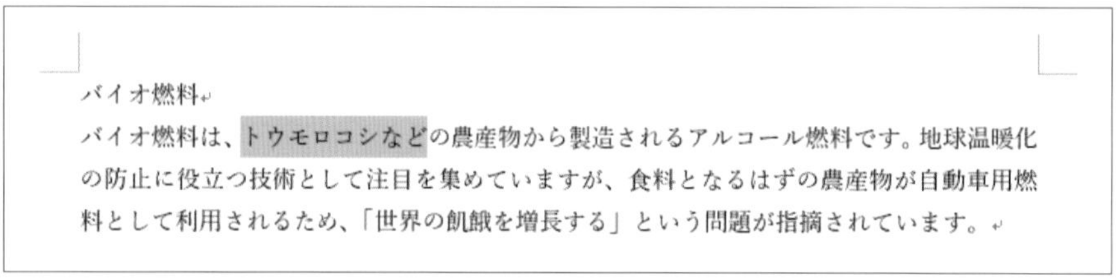

バイオ燃料↵
バイオ燃料は、トウモロコシなどの農産物から製造されるアルコール燃料です。地球温暖化の防止に役立つ技術として注目を集めていますが、食料となるはずの農産物が自動車用燃料として利用されるため、「世界の飢餓を増長する」という問題が指摘されています。↵

図4-2 図4-1の状態から[Shift]＋[→]キーを2回押すと、選択範囲を2文字分だけ拡張できます。

文字の選択を解除するときは、適当な位置でマウスをクリックします。すると、文字の選択が解除され、クリックした位置にカーソルが移動します。

● 文字の書式の指定

文字を選択できたら、[ホーム]タブのリボンを操作して文字の書式を変更します。すると、選択していた文字の書式が指定した書式に変更されます。

図4-3 [ホーム]タブのリボン

●フォントの指定

それでは、文字の書式を指定する手順を具体的に解説していきましょう。まずは、**フォント**を変更する方法から解説します。

明朝体やゴシック体のように、フォントは文字の書体を指定する書式となります。フォントを変更するときは、[**ホーム**]タブを選択し、 游明朝(本文 ▾) (**フォント**)の▾をクリックします。続いて、一覧からフォント(書体)を指定すると、選択していた文字を指定したフォントに変更できます。

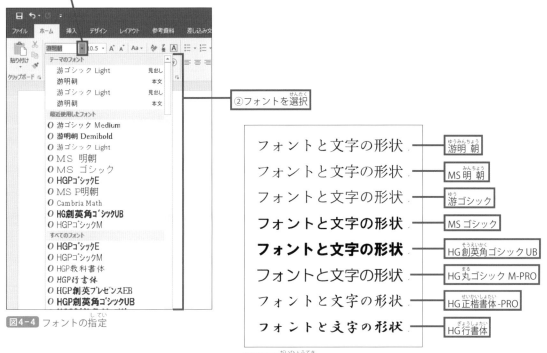

①クリック

②フォントを選択

図4-4 フォントの指定

図4-5 代表的なフォント

フォントを指定するときは、**日本語フォント**と**欧文フォント**の2種類があることに注意してください。欧文フォントは半角文字専用のフォントとなるため、全角文字に欧文フォントを指定することはできません。

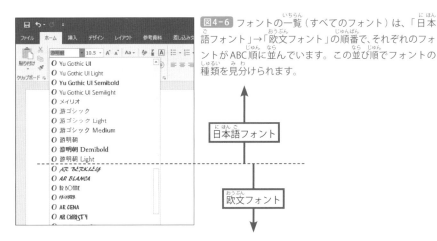

図4-6 フォントの一覧(すべてのフォント)は、「日本語フォント」→「欧文フォント」の順番で、それぞれのフォントがABC順に並んでいます。この並び順でフォントの種類を見分けられます。

日本語フォント

欧文フォント

文字サイズの指定

文字サイズを変更するときは、［ホーム］タブを選択し、[10.5 ▾]（フォント サイズ）の▾をクリックします。続いて、一覧から適当な数値を選択すると、選択していた文字の文字サイズを変更できます。なお、ここに表示される数値の単位はポイントとなります。

📖 用語解説

ポイント
ポイントは文字サイズなどを指定する際によく利用される単位で、1ポイント＝1/72inch（約0.353mm）となります。
よって、12ポイントの文字は約4.2mm四方の文字サイズになります。

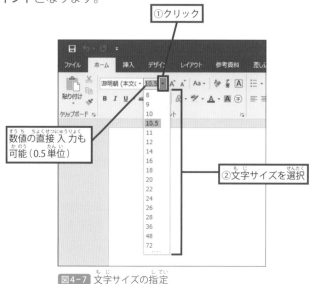

①クリック

数値の直接 入力も可能（0.5単位）

②文字サイズを選択

図4-7 文字サイズの指定

文字色の指定

文字色を指定するときは、［ホーム］タブを選択し、🅰（フォントの色）の▾をクリックします。続いて、一覧から色を指定すると、選択していた文字の文字色を変更できます。また、ここで「その他の色」を選択すると、「色の設定」ウィンドウが表示され、色を自由に指定できるようになります。

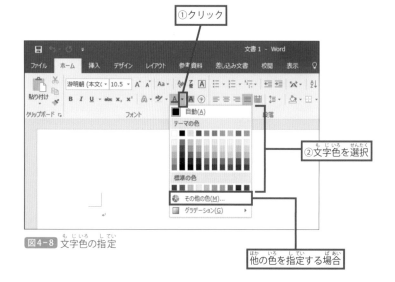

①クリック

②文字色を選択

他の色を指定する場合

図4-8 文字色の指定

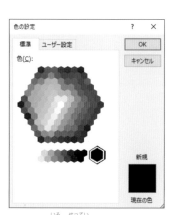

図4-9 「色の設定」ウィンドウ

Wordは、カーソルの直前にある文字の書式が自動的に引き継がれる仕組みになっています。たとえば、直前の文字が「HG 創英角ゴシックUB、16ポイント、青色」であった場合、それ以降に入力する文字の書式も「HG 創英角ゴシックUB、16ポイント、青色」になります。

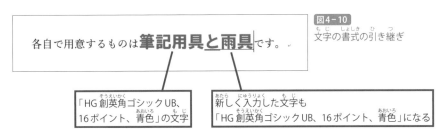

図4-10
文字の書式の引き継ぎ

また、[ホーム]タブで書式を指定してから文字を入力することも可能です。

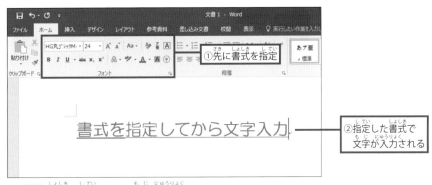

図4-11 書式を指定してから文字を入 力

━━━━━━━━━━━━━━ 演 習 ━━━━━━━━━━━━━━

（1）ステップ02の演習（3）で保存したファイルを開き、「バイオ燃料について」の文字サイズを16ポイントに変更してみましょう。

（2）さらに、フォントを「HGP 創英角ゴシックUB」に変更してみましょう。

（3）「食料となるはずの……利用される」の文字色を「赤」に変更してみましょう。
《作 業 後にファイルの上書き保存を行い、ファイルを更新しておきます》

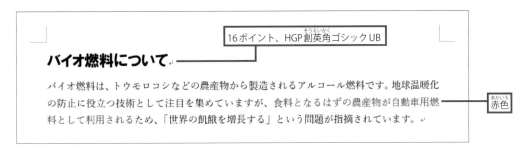

文字の書式設定（2）

Wordには、ステップ04で紹介した書式のほかにも、太字や斜体、下線、蛍光ペン、文字の効果などの書式が用意されています。続いては、これらの書式を指定するときの操作方法を解説します。

● 太字、斜体、下線などの指定

　［ホーム］タブには、太字や斜体、下線といった書式を指定するためのアイコンも用意されています。また、H_2Oやx^2のような添字（上下に付く小さい文字）も、ここで指定することができます。これらの書式は、各アイコンをクリックするごとに有効／無効が切り替わります。

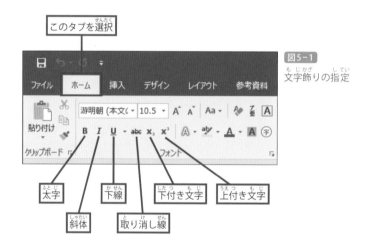

図5-1
文字飾りの指定

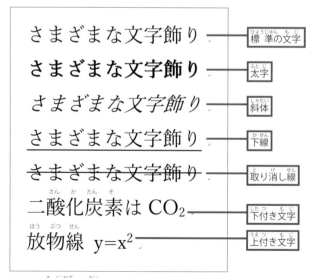

図5-2 文字飾りの例

蛍光ペンと文字の効果

ワンポイント

文字の網かけ
白黒で文書を作成する場合は、「蛍光ペンの色」の代わりに Ａ（文字の網かけ）を利用しても構いません。色が付く部分の高さが異なりますが、蛍光ペンとほぼ同様の効果を得られます。

蛍光ペンでなぞったように色を付けるときは、 ✐（蛍光ペンの色）の ▾ をクリックして一覧から色を選択します。そのほか、Ａ（**文字の効果と体裁**）をクリックし、文字にさまざまな効果を施すことも可能です。

図5-3 蛍光ペンの色　　　図5-4 文字の効果と体裁

図5-5 「蛍光ペンの色」と「文字の効果と体裁」の例

その他の文字書式

そのほか、**ルビ**（ふりがな）、**囲み線**、**囲い文字**といった書式も用意されています。これらの書式を指定すると、以下のように文字を装飾できます。

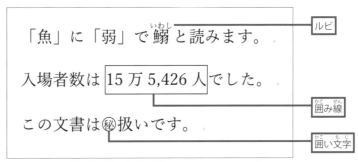

図5-6 ルビ、囲み線、囲い文字の例

◆ ルビ（ふりがな）

ルビ（ふりがな）をふる文字を選択してから ☑（ルビ）をクリックすると、以下のようなウィンドウが表示されます。ここで漢字の上に表示する"ふりがな"を指定します。

図5-7
ルビの指定

◆ **囲み線**

文字を選択してから Ａ（囲み線）をクリックすると、図5-6のように文字の周囲を線で囲むことができます。

◆ **囲い文字**

㊙ のように、〇や□などで囲った文字を作成できます。文字を1文字だけ選択した状態で ㋷（囲い文字）をクリックすると、以下のようなウィンドウが表示されるので、ここで文字を囲む図形を指定します。

図5-8
囲い文字の指定

●「フォント」ウィンドウの利用

文字の書式を「フォント」ウィンドウで指定することも可能です。「フォント」ウィンドウを表示させるときは、[ホーム] タブのリボンで「フォント」の領域にある ◪ をクリックします。

図5-9 「フォント」ウィンドウの表示

「フォント」ウィンドウには、2つのタブが用意されています。[**フォント**]タブでは、フォント／文字サイズ／文字色／文字飾りなどを指定できます。[**詳細設定**]タブは、「文字と文字の間隔」を変更したり、「文字の縦横比」を変更したりする場合などに利用します。

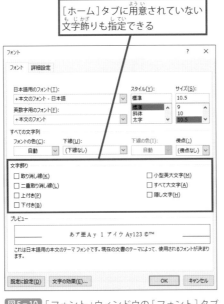

[ホーム]タブに用意されていない文字飾りも指定できる

図5-10 「フォント」ウィンドウの[フォント]タブ

縦横比と文字間隔の指定

図5-11 「フォント」ウィンドウの[詳細設定]タブ

演習

(1) 以下の文章を入力し、「ドイツ語」の文字に**太字**と**下線**を指定してみましょう。また「part-time job」および「side job」の文字に**斜体**を指定してみましょう。

> アルバイトという言葉は**ドイツ語**が語源です。
> 英語では、アルバイトのことを *part-time job* または *side job* といいます。

(2) 演習(1)で指定した**太字**、**斜体**、**下線**を解除してみましょう。

(3) 以下の文章を入力し、「駱駝」(らくだ)の文字に**ルビ**をふってみましょう。

> 次回は、駱駝の生態について学習します。

Step 06 段落の書式設定（1）

続いては、段落単位で指定する書式について解説します。このステップでは、段落の考え方、段落の選択方法、ならびに「行揃え」の書式を指定する方法を解説します。

● 段落とは…？

Wordは、文章の最初から改行までを1つの**段落**として認識します。このため、[Enter]キーの入力が段落の区切りとなります。この考え方は一般的な「段落」と大差がないため特に違和感はないと思われます。ただし、1行だけで終わる文章や見出しも1つの段落として認識されることに注意してください。

Wordの画面上には、改行した位置に ↵（**段落記号**）が表示されています。これを目安に段落を見分けるようにしてください。

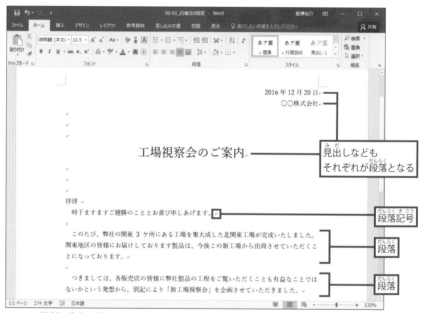

図6-1 段落の見分け方

● 段落の選択と段落書式の指定

Wordには、段落を1つの単位として指定する**段落書式**も用意されています。もちろん、段落書式を指定するときは、あらかじめ**段落を選択**しておく必要があります。

段落を選択するときは、**段落内にある一部の文字**（または**全部の文字**）を選択するか、もしくは**段落内にカーソルを移動**します。この状態で段落書式を指定すると、その段落の書式を変更できます。

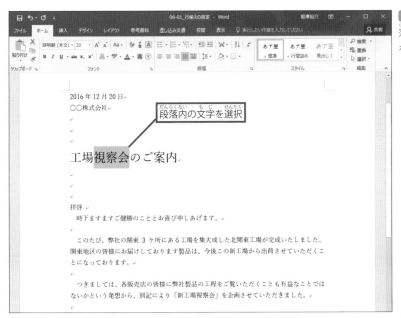

図6-2 最初に、書式を変更する段落を選択します。段落内にある文字を選択します。

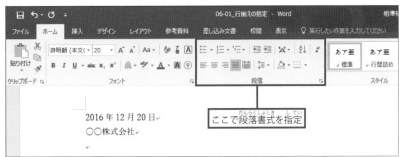

図6-3 続いて、[ホーム]タブにあるリボンで段落書式を指定します。

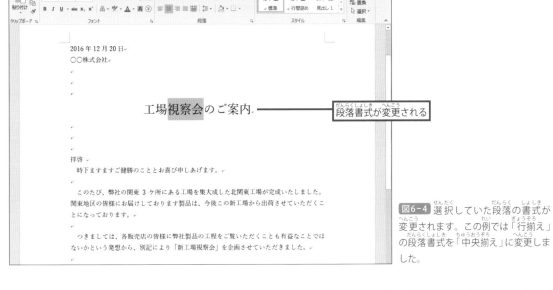

段落書式が変更される

図6-4 選択していた段落の書式が変更されます。この例では「行揃え」の段落書式を「中央揃え」に変更しました。

ここからは段落書式について具体的に紹介していきます。まずは、段落を揃える位置を指定する**行揃え**について解説します。[**ホーム**]**タブ**には、以下のような5つのアイコンが表示されています。行揃えを変更するときは、段落を選択してから以下のアイコンをクリックします。

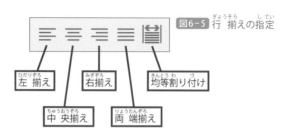

図6-5 行 揃えの指定

これらのうち一般によく利用されるのは、「両端揃え」「中央揃え」「右揃え」の3種類です。以下に、その例を示しておくので参考としてください。

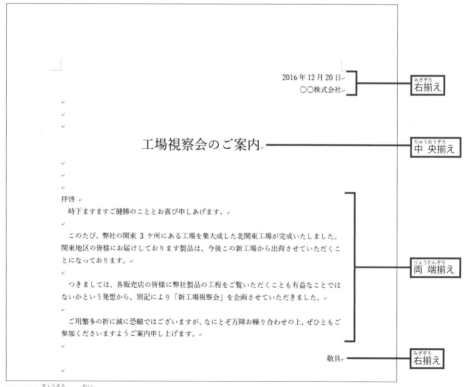

図6-6 行 揃えの例

「左揃え」は「両端揃え」とよく似た配置方法ですが、右端の処理方法が異なります。「両端揃え」の場合は文字と文字の間隔が微調整され、文章の右端でも文字が揃うように配置されます。一方、「左揃え」は文字と文字の間隔が微調整されないため、右端が揃わない場合があります。

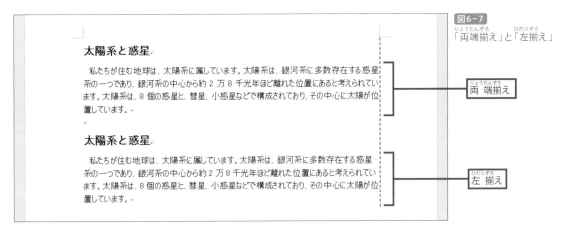

図6-7
「両端揃え」と「左揃え」

「均等割り付け」は文字を文書の幅いっぱいに等間隔で配置する行揃えです。
この行揃えを指定するときは、**段落内の文字を全て選択しておく**のが基本です。

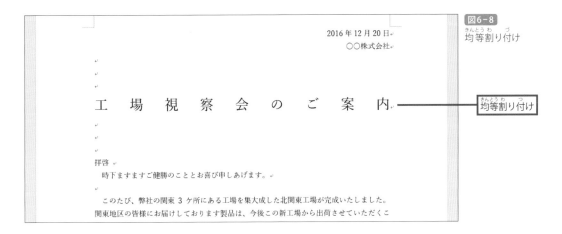

図6-8
均等割り付け

演 習

(1) 以下のような文章を入力し、文書のタイトルに「**HGP明朝E、16ポイント**」の書式を指定してみましょう。

(2) 各段落に以下の**行揃え**を指定してみましょう。

《作業後は文書をファイルに保存しておきます》

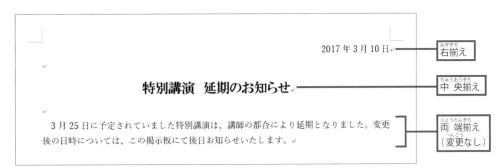

Step 07 段落の書式設定（2）

ステップ07では、行間やインデントを指定する方法を解説します。これらも段落単位で指定する書式となります。また、「段落」ウィンドウを使って書式を指定する方法も紹介します。

グリッド線の表示

行間を指定するときは、画面に**グリッド線**を表示させると状況がわかりやすくなります。グリッド線は、以下のように操作すると表示できます。

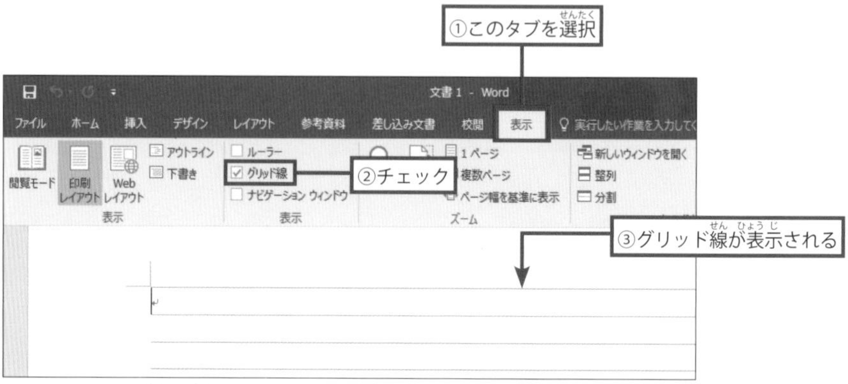

図7-1 グリッド線の表示

行間の考え方

> **ワンポイント**
> **フォントと行間の関係**
> 「MS ゴシック」や「MS 明朝」といったフォントを指定した場合は、13.5ポイントの文字サイズまで「1行の高さ」に収まるようになります。「1行の高さ」に収まる文字サイズは、フォントごとに変化します。

Wordは「1行の高さ」を行間の基本単位としています。この「1行の高さ」を示したものがグリッド線です。標準の文字（10.5ポイント）は、各行がグリッド線の中央に配置されますが、文字サイズを変更した場合はこの限りではありません。たとえばフォントが「游明朝」の場合、11ポイント以上の文字サイズを指定すると、文字が「1行の高さ」に収まらなくなり、自動的に2行分の行間が確保されます。このため、急に行間が広くなったように感じます。

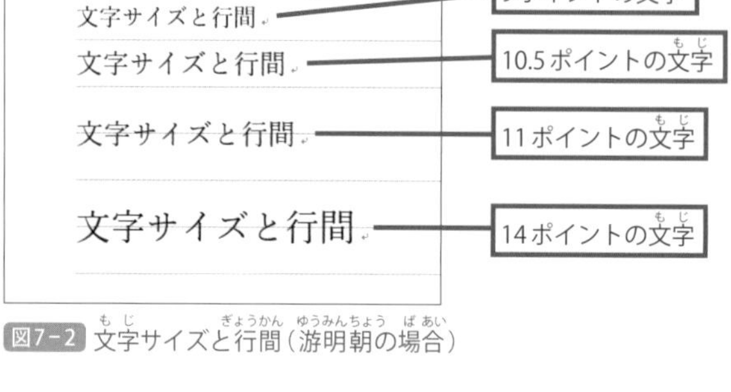

図7-2 文字サイズと行間（游明朝の場合）

● 行 間の指定

行間を変更するときは、[ホーム]タブにある ≣ (行間)をクリックし、一覧から行間を指定します。この一覧に表示されている数値の単位は「1行の高さ」となります。たとえば「2.0」を選択すると、段落の行間を2行分に変更できます。

①このタブを選択

②クリック

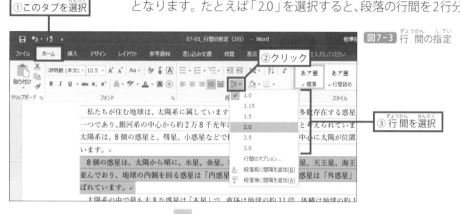

図7-3 行 間の指定

③ 行 間を選択

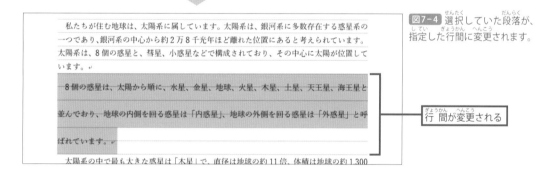

図7-4 選択していた段落が、指定した行間に変更されます。

行 間が変更される

● 行 間をポイント単位で指定

先ほど紹介した方法では行間を細かく指定することができません。また「1行の高さ」より狭い行間を指定することもできません。このような場合は、「段落」ウィンドウを利用し、以下の手順で行間を指定します。

①クリック

②これを選択

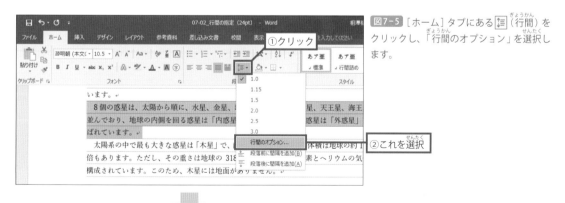

図7-5 [ホーム]タブにある ≣ (行間)をクリックし、「行間のオプション」を選択します。

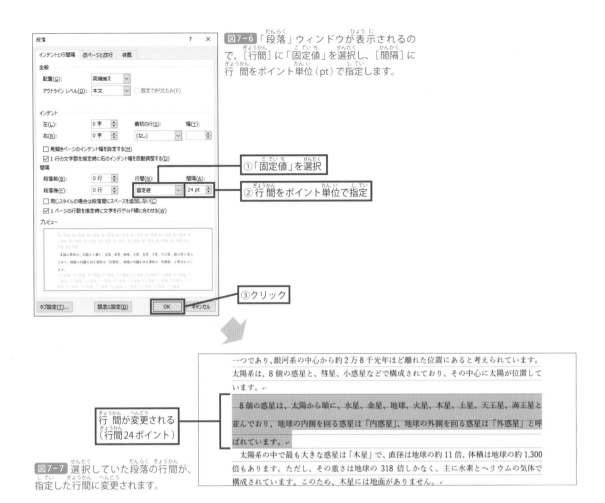

図7-6 「段落」ウィンドウが表示されるので、[行間]に「固定値」を選択し、[間隔]に行間をポイント単位（pt）で指定します。

① 「固定値」を選択

② 行間をポイント単位で指定

③クリック

行間が変更される
（行間24ポイント）

図7-7 選択していた段落の行間が、指定した行間に変更されます。

一つであり、銀河系の中心から約2万8千光年ほど離れた位置にあると考えられています。太陽系は、8個の惑星と、彗星、小惑星などで構成されており、その中心に太陽が位置しています。

8個の惑星は、太陽から順に、水星、金星、地球、火星、木星、土星、天王星、海王星と並んでおり、地球の内側を回る惑星は「内惑星」、地球の外側を回る惑星は「外惑星」と呼ばれています。

太陽系の中で最も大きな惑星は「木星」で、直径は地球の約11倍、体積は地球の約1,300倍もあります。ただし、その重さは地球の318倍しかなく、主に水素とヘリウムの気体で構成されています。このため、木星には地面がありません。

●インデントの指定

段落の左側に少し余白を設けたいときは、💷（**インデントを増やす**）を利用します。💷をクリックするごとに、段落の左側に1文字分の余白を追加できます。なお、指定した余白を解除するときは💷（**インデントを減らす**）をクリックします。💷をクリックするごとに、余白が1文字分ずつ解除されます。

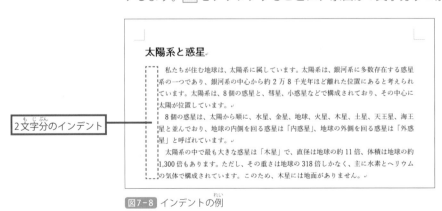

2文字分のインデント

図7-8 インデントの例

●「段落」ウィンドウ

段落書式を「**段落**」ウィンドウで指定することも可能です。「段落」ウィンドウは、[**ホーム**]タブの「**段落**」**の領域**にある をクリックすると表示できます。

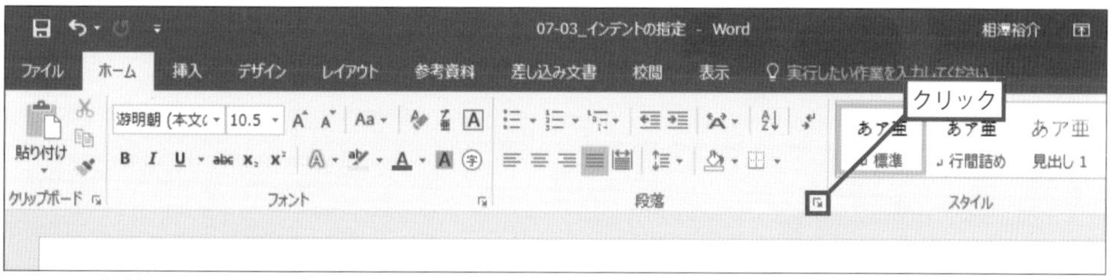

図7-9「段落」ウィンドウの表示

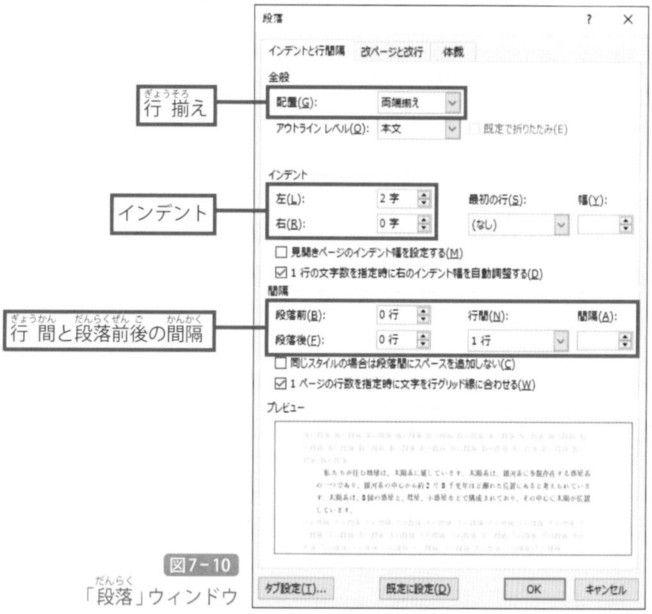

図7-10
「段落」ウィンドウ

演習

(1) **ステップ04の演習**(3)で保存したファイルを開き、本文の**行間を**「**1.5**」に変更してみましょう。

(2) さらに、本文に**2文字分のインデント**を指定してみましょう。

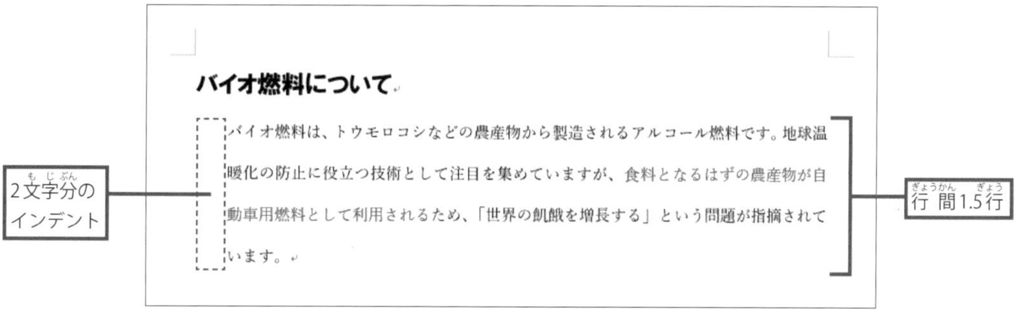

Step 08 箇条書きと段落番号

Wordには、文章を列記するときに利用する段落書式も用意されています。ステップ08では、「箇条書き」や「段落番号」の書式を指定する方法を解説します。

● 箇条書きの指定

文章を箇条書きで記述するときに、▤（箇条書き）の書式を指定する方法もあります。この書式は段落書式の一種で、以下のような手順で指定します。

図8-1 箇条書きにする段落を選択します。このとき、複数の段落を同時に選択しておくと、一回の操作で箇条書きの書式をまとめて指定できます。

申し込みの際に本人確認を行います。以下のいずれかをご持参ください。

運転免許証
住民基本台帳カード（写真付き） ←段落を選択
旅券（パスポート）

また、捺印用の印鑑（認印）も忘れずにご持参ください。

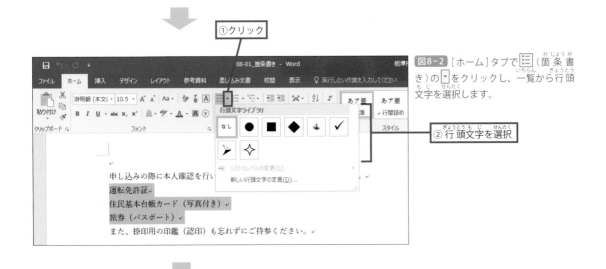

①クリック

図8-2 ［ホーム］タブで▤（箇条書き）の▾をクリックし、一覧から行頭文字を選択します。

② 行頭文字を選択

図8-3 選択していた段落に箇条書きの書式が適用され、先頭に行頭文字が表示されます。

申し込みの際に本人確認を行います。以下のいずれかをご持参ください。
➢ 運転免許証
➢ 住民基本台帳カード（写真付き）
➢ 旅券（パスポート）
また、捺印用の印鑑（認印）も忘れずにご持参ください。

箇条書きの書式が適用される

34

● 箇条書きの解除

ワンポイント

書式の引き継ぎ
箇条書きを指定した段落で[Enter]キーを押すと、次の行にも箇条書きの書式が自動的に引き継がれます。これを解除する場合も右図と同様の操作を行います。

　　段落に指定した箇条書きを解除するときは、（箇条書き）の▾をクリックして「**なし**」を選択するか、もしくはを再クリックしてOFFにします。

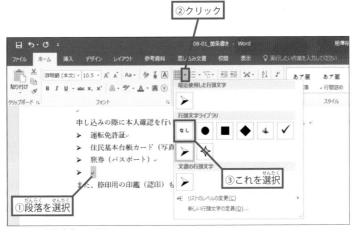

図8-4 箇条書きの解除

だんらくばんごう　　し てい

● 段落番号の指定

　　1、2、3、……などの番号を付けた箇条書きを行う場合は、（段落番号）を利用して書式を指定します。書式の指定方法は、箇条書きの書式と基本的に同じです。

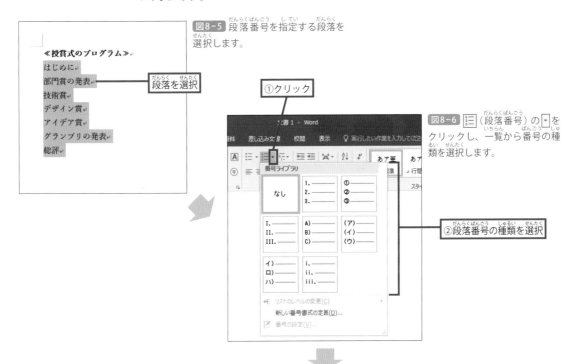

図8-5 段落番号を指定する段落を選択します。

図8-6 （段落番号）の▾をクリックし、一覧から番号の種類を選択します。

図8-7 選択していた段落に段落番号の書式が
適用され、先頭に連番の番号が表示されます。

段落番号の書式が
適用される

● 段落番号を階層化する

指定した段落番号の書式を階層化することも可能です。この場合は、続けて
以下のような手順で操作を行います。

図8-8 段落番号を指定したあと、下位レベル
にする段落だけを選択します。

下位レベルにする段落を選択

①クリック

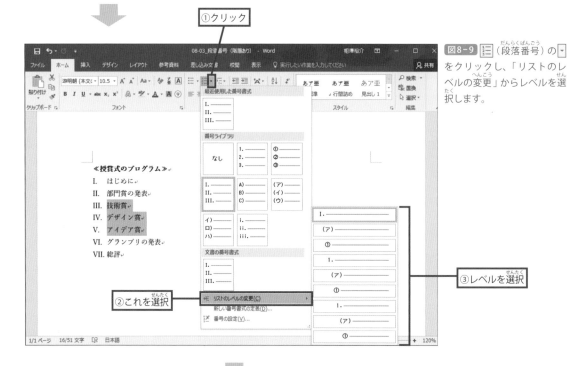

②これを選択

③レベルを選択

図8-9 （段落番号）の
をクリックし、「リストのレ
ベルの変更」からレベルを選
択します。

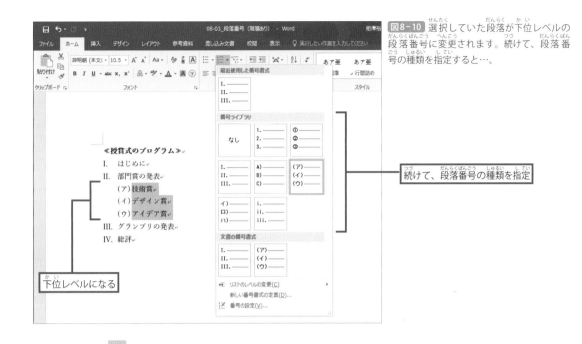

図8-10 選択していた段落が下位レベルの段落番号に変更されます。続けて、段落番号の種類を指定すると…、

続けて、段落番号の種類を指定

下位レベルになる

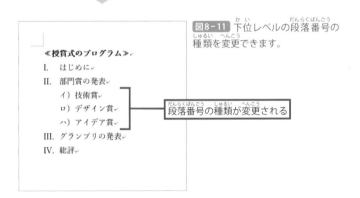

図8-11 下位レベルの段落番号の種類を変更できます。

段落番号の種類が変更される

演習

（1）以下のような文章を入力し、**行頭文字**が◆の**箇条書き**を指定してみましょう。

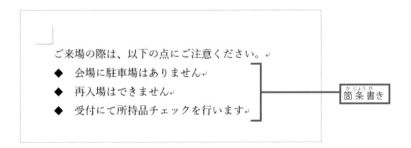

箇条書き

（2）**演習**（1）で指定した箇条書きを解除してみましょう。

（3）**図8-11**のように、**階層化された段落番号**を作成してみましょう。

Step 09 段落の罫線と網かけ

続いては、段落の下に罫線を描画したり、段落を罫線で囲んで背景色を指定したりする方法を解説します。あまり知られていない機能ですが、活用できる場面は多いので、操作手順をよく学んでおいてください。

● 段落の罫線の描画

　段落の周囲に罫線を描画するときは、段落全体を選択し、囲（罫線）を使って書式を指定します。たとえば、段落の下に罫線を描画するときは以下のように操作します。

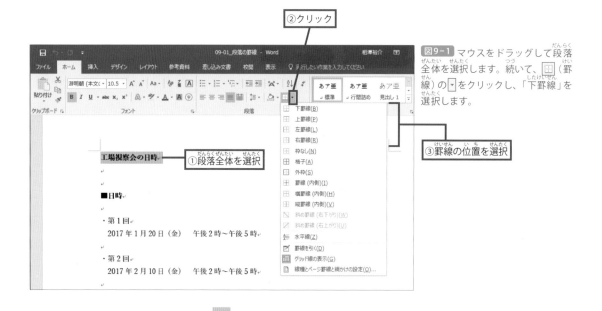

②クリック

①段落全体を選択

③罫線の位置を選択

図9-1 マウスをドラッグして段落全体を選択します。続いて、囲（罫線）の▼をクリックし、「下罫線」を選択します。

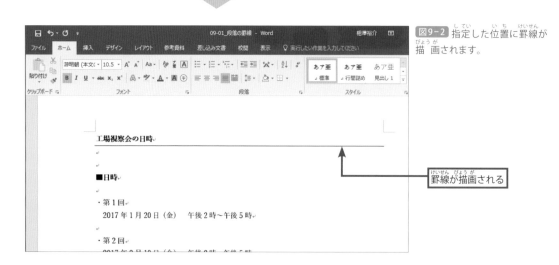

罫線が描画される

図9-2 指定した位置に罫線が描画されます。

このとき、複数の段落をまとめて選択した状態で罫線を指定することも可能です。たとえば、選択した範囲を四角く罫線で囲むときは、以下のように操作します。

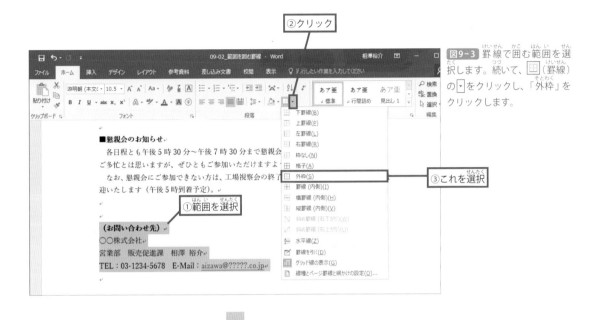

図9-3 罫線で囲む範囲を選択します。続いて、□（罫線）の▾をクリックし、「外枠」をクリックします。

②クリック
①範囲を選択
③これを選択

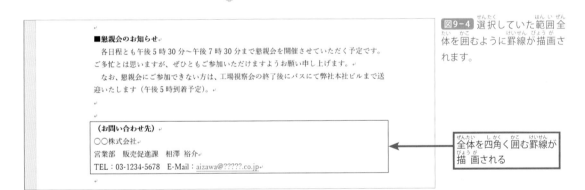

図9-4 選択していた範囲全体を囲むように罫線が描画されます。

全体を四角く囲む罫線が描画される

ワンポイント

罫線の削除
描画した罫線を削除するときは、段落全体を選択した状態で□（罫線）から「枠なし」を選択します。

なお、段落内の一部の文字だけを選択した状態で上記の操作を行うと、その文字だけを囲む罫線が描画されます。この場合、上下左右の罫線を個別に指定することはできません。いずれの方向を指定した場合も、文字を四角く囲むように罫線が描画されます。

選択していた文字が罫線で囲まれる

図9-5 文字を選択して罫線を指定した場合

● 罫線の詳細設定と背景色の指定

線の種類や色、太さを指定して罫線を描画したり、段落の背景に網かけ（背景色）を指定したりすることも可能です。この場合は、🔲（罫線）から「線種とページ罫線と網かけの設定」を選択します。

②クリック

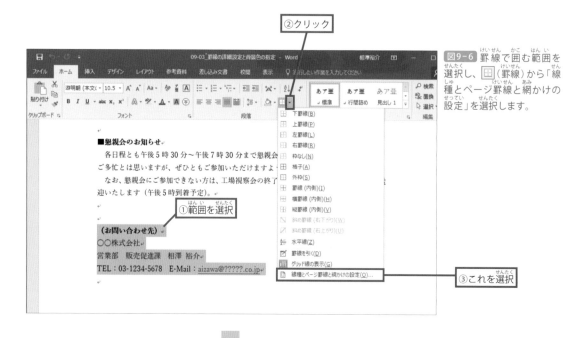

図9-6 罫線で囲む範囲を選択し、🔲（罫線）から「線種とページ罫線と網かけの設定」を選択します。

①範囲を選択

③これを選択

①種類を指定

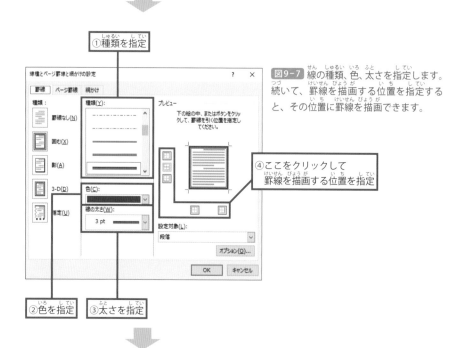

図9-7 線の種類、色、太さを指定します。続いて、罫線を描画する位置を指定すると、その位置に罫線を描画できます。

④ここをクリックして罫線を描画する位置を指定

②色を指定　③太さを指定

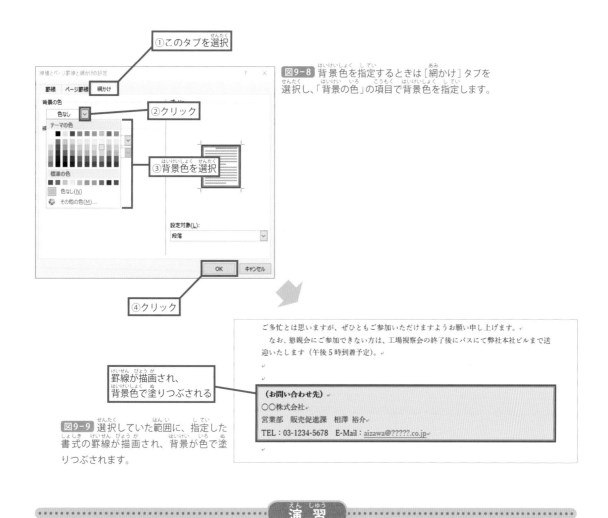

①このタブを選択

②クリック

③背景色を選択

④クリック

図9-8 背景色を指定するときは［網かけ］タブを選択し、「背景の色」の項目で背景色を指定します。

罫線が描画され、背景色で塗りつぶされる

図9-9 選択していた範囲に、指定した書式の罫線が描画され、背景が色で塗りつぶされます。

ご多忙とは思いますが、ぜひともご参加いただけますようお願い申し上げます。

なお、懇親会にご参加できない方は、工場視察会の終了後にバスにて弊社本社ビルまで送迎いたします（午後5時到着予定）。

（お問い合わせ先）
○○株式会社
営業部　販売促進課　相澤　裕介
TEL：03-1234-5678　E-Mail：aizawa@?????.co.jp

演習

（1）ステップ06の演習（2）で保存したファイルを開き、文書を以下のように変更してみましょう。

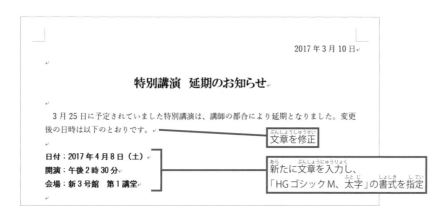

2017年3月10日

特別講演　延期のお知らせ

3月25日に予定されていました特別講演は、講師の都合により延期となりました。変更後の日時は以下のとおりです。

文章を修正

日付：2017年4月8日（土）
開演：午後2時30分
会場：新3号館　第1講堂

新たに文章を入力し、「HGゴシックM、太字」の書式を指定

（2）「特別講演　延期のお知らせ」の段落に下罫線を描画してみましょう。

（3）「日付」～「会場」の段落を3ポイントの罫線で四角く囲み、背景色を指定してみましょう。

　　※「罫線の色」と「背景色」には、各自の好きな色を指定してください。

《作業後にファイルの上書き保存を行い、ファイルを更新しておきます》

スタイルの活用

何ページにも及ぶ文書を作成するときは、スタイルを使って段落や文字の書式を指定するのが基本です。続いては、スタイルの活用方法について解説します。

● スタイルとは…?

長い文書を作成するときは、(大見出し)→(小見出し)→(本文)のように文書を階層化するのが一般的です。このような構造の文書を作成するときに活用できるのが**スタイル**です。

スタイルは**文字や段落の書式を一括指定**してくれる機能です。このため、フォントや文字サイズ、行揃え、インデントなどの書式をそのつど指定しなくても一度の操作で書式指定を完了できるようになります。

● スタイルの適用

それでは、スタイルの具体的な利用方法を解説していきましょう。ここでは、Wordに初めから用意されているスタイルを適用する方法を紹介します。

 ワンポイント

文字を選択した場合
段落内の一部の文字だけを選択した場合は、その文字にだけスタイルが適用されます。段落にスタイルを適用するときは、段落内の文字を全て選択するようにしてください。

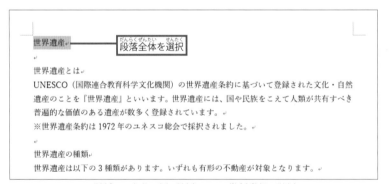

図10-1 スタイルを適用する文字を全て選択します（段落全体を選択します）。

図10-2 ［ホーム］タブの「スタイル」の領域にある▼をクリックします。

ワンポイント

スタイルの解除
最初は、全ての段落に「標準」のスタイルが適用されています。このため、「標準」のスタイルを適用すると、文字や段落の書式を最初の状態に戻すことができます。

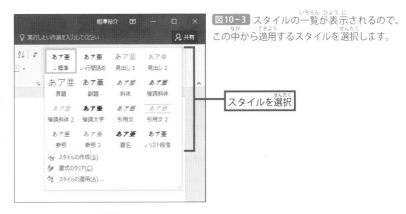

図10-3 スタイルの一覧が表示されるので、この中から適用するスタイルを選択します。

> スタイルを選択

> スタイルが適用され、書式が変更される

世界遺産

世界遺産とは
UNESCO（国際連合教育科学文化機関）の世界遺産条約に基づいて登録された文化・自然遺産のことを『世界遺産』といいます。世界遺産には、国や民族をこえて人類が共有すべき普遍的な価値のある遺産が数多く登録されています。

図10-4 選択していた段落にスタイルが適用され、文字や段落の書式が変更されます。

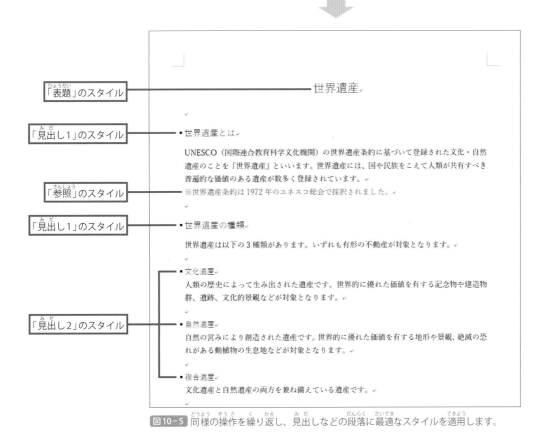

「表題」のスタイル ──── 世界遺産

「見出し1」のスタイル ──── 世界遺産とは

UNESCO（国際連合教育科学文化機関）の世界遺産条約に基づいて登録された文化・自然遺産のことを『世界遺産』といいます。世界遺産には、国や民族をこえて人類が共有すべき普遍的な価値のある遺産が数多く登録されています。

「参照」のスタイル ──── ※世界遺産条約は 1972 年のユネスコ総会で採択されました。

「見出し1」のスタイル ──── 世界遺産の種類

世界遺産は以下の 3 種類があります。いずれも有形の不動産が対象となります。

文化遺産
人類の歴史によって生み出された遺産です。世界的に優れた価値を有する記念物や建造物群、遺跡、文化的景観などが対象となります。

「見出し2」のスタイル ──── 自然遺産
自然の営みにより創造された遺産です。世界的に優れた価値を有する地形や景観、絶滅の恐れがある動植物の生息地などが対象となります。

複合遺産
文化遺産と自然遺産の両方を兼ね備えている遺産です。

図10-5 同様の操作を繰り返し、見出しなどの段落に最適なスタイルを適用します。

Wordに初めから用意されているスタイルは手軽に利用できるのが利点ですが、「見出し」などのデザインにメリハリがないのが欠点となります。このような場合は**自分でスタイルを作成**して活用すると便利です。自分でスタイルを作成するときは、以下のように操作します。

①スタイルの基となる書式を指定

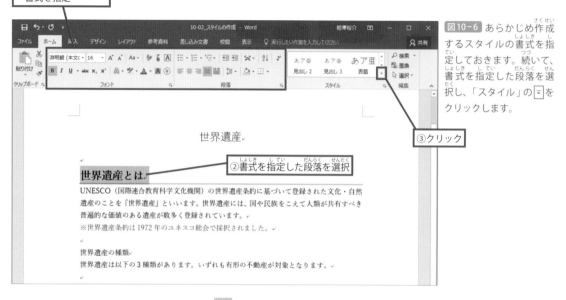

図10-6 あらかじめ作成するスタイルの書式を指定しておきます。続いて、書式を指定した段落を選択し、「スタイル」の ▽ をクリックします。

③クリック

②書式を指定した段落を選択

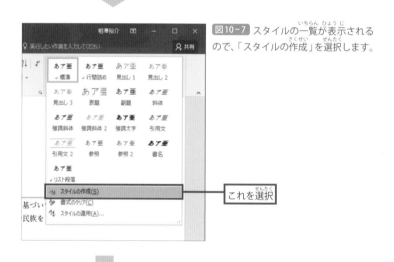

図10-7 スタイルの一覧が表示されるので、「スタイルの作成」を選択します。

これを選択

①スタイル名を入力

②クリック

図10-8 スタイルの名前を入力して[OK]ボタンをクリックすると、新しいスタイルを作成できます。

　　　　　自分で作成したスタイルも、初めから用意されているスタイルと同様の手順で適用できます。作成したスタイルを段落に適用するときは、以下のように操作します。

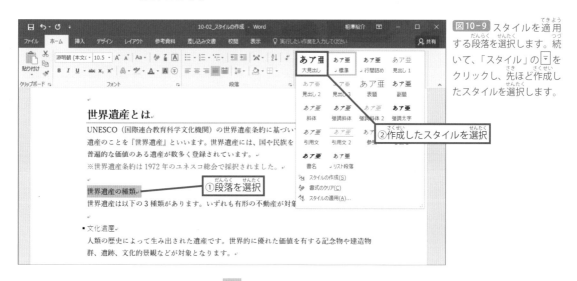

図10-9 スタイルを適用する段落を選択します。続いて、「スタイル」の▽をクリックし、先ほど作成したスタイルを選択します。

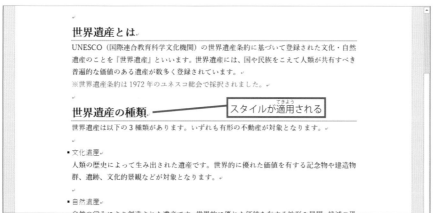

図10-10 段落にスタイルが適用され、「世界遺産とは」の段落と同じ書式が一括指定されます。

演 習

(1) 図10-5のように文章を入力し、各段落にスタイルを適用してみましょう。
(2) 「世界遺産とは」と「世界遺産の種類」の段落に適用したスタイルを解除してみましょう。
(3) 「世界遺産とは」の段落に、文字サイズ「16ポイント」、太字、下罫線（オレンジ色／2.25pt）、行間「24ポイント」の書式を指定し、「大見出し」という名前で新しいスタイルを作成してみましょう。
(4) 演習(3)で作成した「大見出し」のスタイルを「世界遺産の種類」の段落に適用してみましょう。
　　《作業後は文書をファイルに保存しておきます》

Step 11 アウトライン レベルとスタイルの変更

続いては、文書の階層構造を指定するアウトライン レベルについて解説します。また、作成したスタイルの書式を変更するときの操作方法についても紹介しておきます。

● アウトライン レベルの指定

アウトライン レベルは「各段落の役割」を指定する書式です。通常、Wordはすべての段落を「本文」として扱いますが、アウトライン レベルを「レベル1」や「レベル2」などに変更すると、その段落を"見出し"として認識するようになり、目次を自動作成することが可能となります。見出しとなる段落にアウトライン レベルを指定するときは、以下のように操作します。

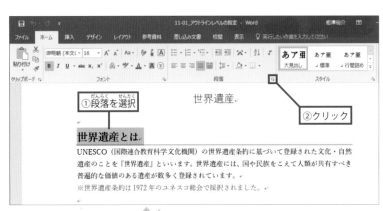

図11-1 アウトライン レベルを指定する段落を選択し、［ホーム］タブの「段落」の領域にある 🗔 をクリックします。

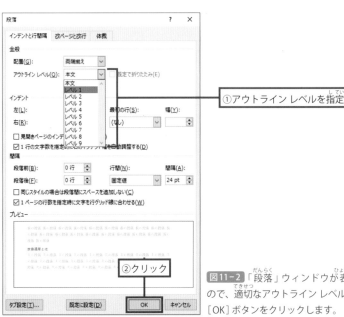

図11-2 「段落」ウィンドウが表示されるので、適切なアウトライン レベルを指定し、［OK］ボタンをクリックします。

● アウトライン レベルの確認

 ワンポイント

「見出し1」「見出し2」のアウトラインレベル
Wordに初めから用意されている「見出し1」のスタイルには「レベル1」、「見出し2」のスタイルには「レベル2」のアウトライン レベルが指定されています。このため、これらのスタイルを適用した段落は、自動的に「レベル1」や「レベル2」のアウトライン レベルが指定されます。

アウトライン レベルを指定しても画面上の表示は特に変化しません。そこで、アウトライン レベルの指定を簡単に確認する方法を紹介しておきましょう。

① このタブを選択

図11-3 [表示]タブを選択し、「ナビゲーション ウィンドウ」をチェックします。

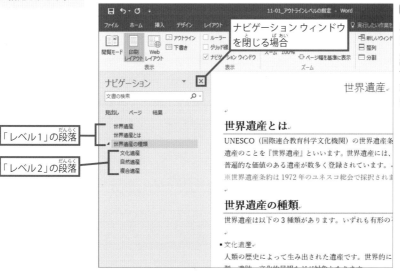

図11-4 「レベル1」や「レベル2」といったアウトラインレベルが指定されている段落が一覧 表示されます。この一覧は、該当箇所へ移動するためのリンクとしても活用できます。

● スタイルの書式変更

スタイルを使って書式を指定していく場合は、アウトライン レベルの書式もスタイルに登録しておくと、アウトライン レベルを指定する手間を省けるようになります。すでに作成されているスタイルの書式を変更するときは、以下のように操作します。

図11-5 [ホーム]タブを選択し、「スタイル」の▽をクリックします。

クリック

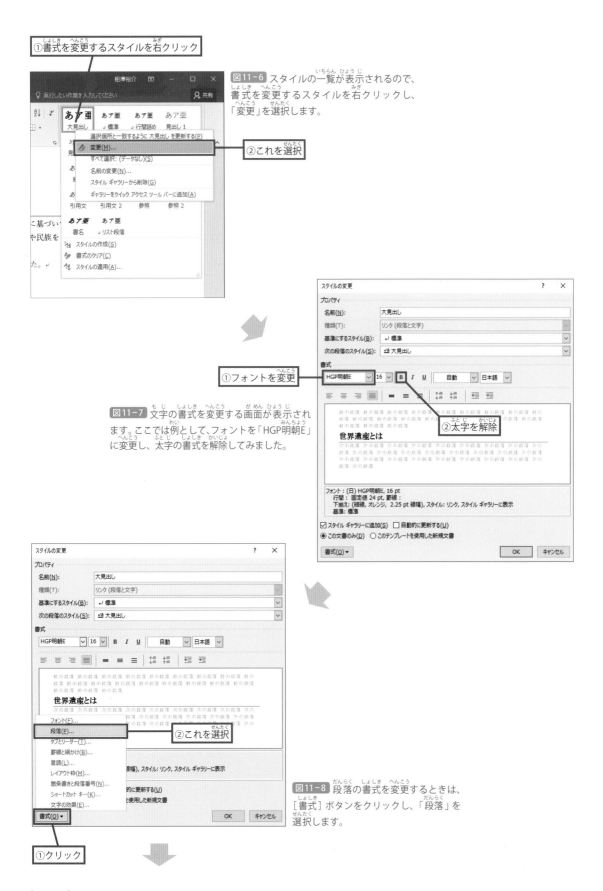

①書式を変更するスタイルを右クリック

図11-6 スタイルの一覧が表示されるので、書式を変更するスタイルを右クリックし、「変更」を選択します。

②これを選択

①フォントを変更

図11-7 文字の書式を変更する画面が表示されます。ここでは例として、フォントを「HGP明朝E」に変更し、太字の書式を解除してみました。

②太字を解除

②これを選択

図11-8 段落の書式を変更するときは、[書式] ボタンをクリックし、「段落」を選択します。

①クリック

48

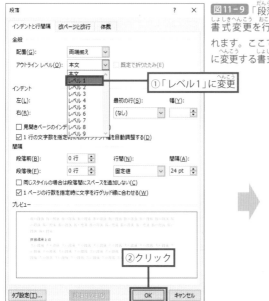

図11-9 「段落」ウィンドウが表示されます。ここで書式変更を行うと、その変更がスタイルにも反映されます。ここでは、アウトライン レベルを「レベル1」に変更する書式指定を行いました。

図11-10 文字や段落の書式が変更されていることを確認し、[OK]ボタンをクリックします。

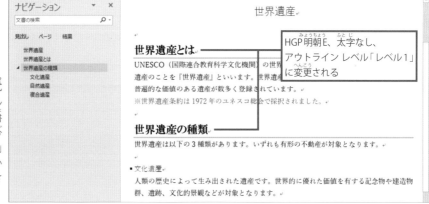

図11-11 スタイルの書式が変更され、そのスタイルが適用されている段落の書式が一括変更されます。今回の例の場合、「大見出し」のスタイルが適用されている段落の書式が一括変更されます。

演 習

（1）ステップ10の演習（4）で保存したファイルを開き、「大見出し」のスタイルにアウトライン レベル「レベル1」の書式を追加してみましょう。

（2）ナビゲーション ウィンドウを表示し、「世界遺産とは」と「世界遺産の種類」の段落に「レベル1」のアウトライン レベルが指定されていることを確認してみましょう。

（3）「見出し2」のスタイルに太字の書式を追加してみましょう。
《作業 後にファイルの上書き保存を行い、ファイルを更新しておきます》

ヘッダーとフッター

Wordには、文書の上下にある余白にヘッダーやフッターを指定する機能が用意されています。ヘッダー・フッターは、文書名／日付／作成者／ページ番号などの情報を記す領域として活用するのが一般的です。

●ヘッダー・フッターとは…？

用紙の上下にある余白部分に表示（印刷）される内容のことを**ヘッダー・フッター**といいます。ヘッダー・フッターには、文書のタイトル、作成日、会社名、ページ番号などを記述するのが一般的です。これらの情報は、印刷した文書を整理するときに活用できます。

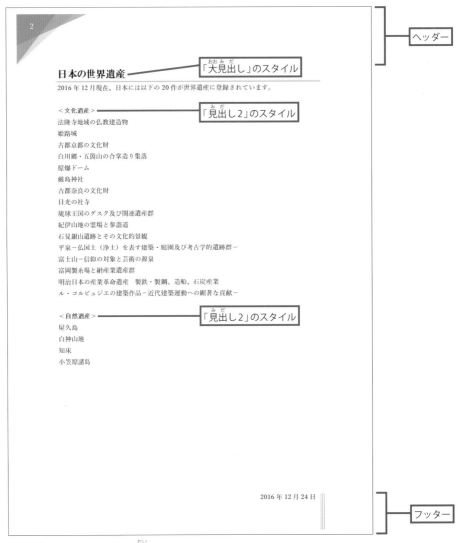

図12-1 ヘッダー・フッターの例

●ヘッダー・フッターの指定

Wordには、あらかじめデザインされているヘッダー・フッターがいくつか用意されています。これらのヘッダー・フッターを利用するときは［挿入］タブにあるコマンドから好きなデザインを選択します。ヘッダー・フッターを指定すると、作成した文書の全ページに同じ内容のヘッダー・フッターが表示（印刷）されます。

ワンポイント

ヘッダー・フッターの削除
指定したヘッダー・フッターを削除するときは、一覧から「ヘッダーの削除」または「フッターの削除」を選択します。

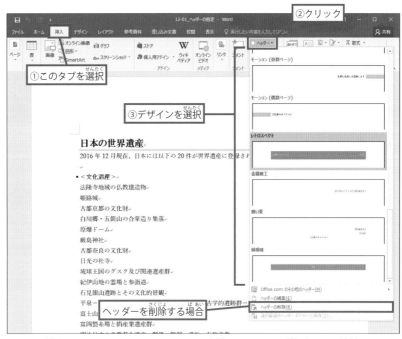

図12-2 用意されているヘッダー・フッターを利用するときは、［挿入］タブを選択し、「ヘッダー」または「フッター」をクリックします。続いて、一覧からデザインを選択すると、ヘッダー・フッターを指定できます。

ワンポイント

入力欄の削除
［文書のタイトル］や［日付］などの項目が不要な場合は、その入力欄をクリックしてから［Delete］キーを2回押すと、入力欄を削除できます。

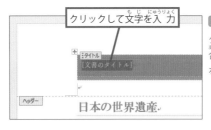

図12-3 ヘッダー・フッターに［文書のタイトル］などの項目が用意されている場合は、その部分をクリックして適切な文字を入力します。

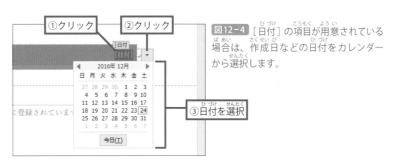

図12-4 ［日付］の項目が用意されている場合は、作成日などの日付をカレンダーから選択します。

Step 12　ヘッダーとフッター　**51**

ヘッダー・フッターの
編集を終了

図12-5 ヘッダー・フッターの編集中は、ヘッダー/フッター ツールの［デザイン］タブが自動的に選択されます。通常の編集画面に戻すときは、このタブにある「ヘッダーとフッターを閉じる」をクリックします。

● ヘッダー・フッターを自分で入力

あらかじめ用意されているヘッダー・フッターを利用するのではなく、自分でヘッダー・フッターを入力することも可能です。この場合は、文書の上部または下部にある余白を**ダブルクリック**し、キーボードから文字を入力します。

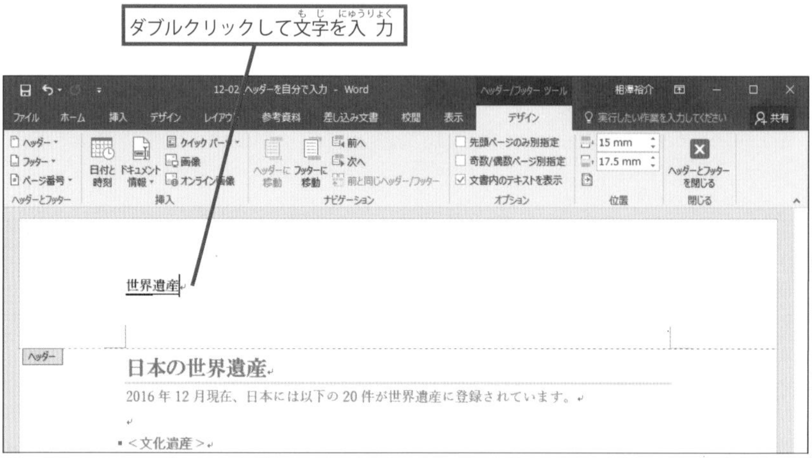

ダブルクリックして文字を入力

図12-6 文書の上部または下部をダブルクリックすると、ヘッダー・フッターの編集画面に切り替わり、ヘッダー・フッターの文字を自由に編集できるようになります。

①このタブを選択　　②ここで書式を指定

図12-7 ヘッダー・フッターに入力した文字の書式を変更することも可能です。フォントや文字サイズ、行揃えなどの書式は［ホーム］タブで指定します。

●ページ番号の入 力

ヘッダー・フッターに**ページ番号**を入力するときは、[**挿入**]タブにある「ペー ジ番号」を利用します。普通にキーボードから数字を入力すると、全ページに 同じ数字が表示されてしまうことに注意してください。

①このタブを選択

②クリック

③位置を選択

④ページ番号のデザインを選択

図12-8 「ページ番号」を クリックし、「ページの上 部」または「ページの下部」 の中からページ番号のデザ インを選択します。

挿入されたページ番号

図12-9 指定した位置にページ番号が挿入されます。

演 習

（1）**ステップ11**の**演習（3）**で保存したファイルを開き、文書の**2ページ目**に**図12-1**のような文章を 追加してみましょう（**スタイル**の指定も行います）。

（2）文書に「**空白（3か所）**」のヘッダーを挿入し、左端に「**世界遺産**」、右端に**自分の氏名**を入力して みましょう。また、ヘッダーの中央にある[**ここに入力**]の文字を削除してみましょう。

（3）ページの下部（フッター）に「**細い線**」のページ番号を挿入してみましょう。

《作 業 後にファイルの上書き保存を行い、ファイルを更新しておきます》

表紙と目次の作成

何ページにも及ぶ文書では、最初のページを表紙にしたり、目次を作成したりする場合があります。続いては、Wordで表紙や目次を作成するときの操作方法を解説します。

表紙の作成

　文書の表紙を作成するときは、Wordに用意されている表紙作成機能を利用すると便利です。この機能を利用するときは、以下のように操作します。

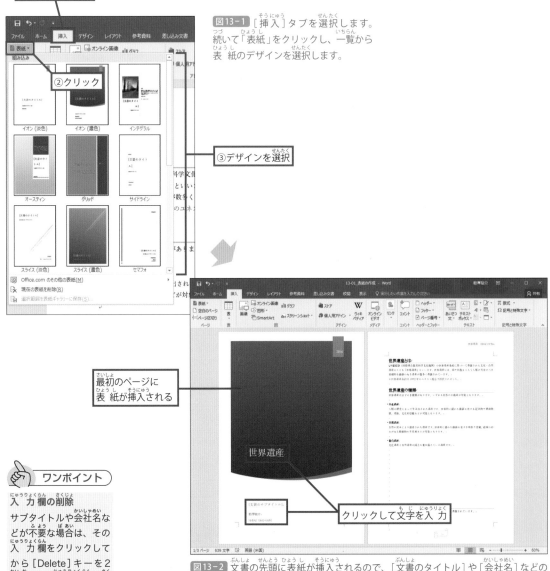

①このタブを選択

②クリック

③デザインを選択

図13-1 [挿入] タブを選択します。
続いて「表紙」をクリックし、一覧から
表紙のデザインを選択します。

最初のページに
表紙が挿入される

世界遺産

クリックして文字を入力

図13-2 文書の先頭に表紙が挿入されるので、[文書のタイトル] や [会社名] などの項目をクリックして文字を入力します。なお、ヘッダー・フッターに文書のタイトルなどを入力してある場合は、その文字が表紙にも自動入力されます。

目次の作成

Wordには**目次**を自動作成する機能が用意されています。この機能を利用すると、**アウトライン レベル**が指定されている段落を目次として自動抽出できます。もちろん、「見出し1」や「見出し2」のスタイルにもアウトライン レベルが指定されているため、これらのスタイルを適用した段落も目次として自動抽出されます。

ここにカーソルを移動

図13-3 目次を挿入する位置にカーソルを移動します。通常は、表紙の直後（本文の先頭）にカーソルを移動させます。

①このタブを選択

②クリック

図13-4 ［参考資料］タブを選択します。続いて「目次」をクリックし、「自動作成の目次」の中から目次の種類を選択します。

③いずれかを選択

ワンポイント

手動作成目次
「手動作成目次」を選択した場合は、目次のサンプルが表示されます。これを正しい目次にするには、見出しやページ番号を自分で入力する必要があります。

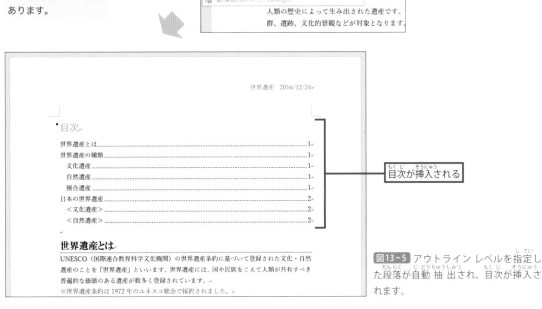

目次が挿入される

図13-5 アウトライン レベルを指定した段落が自動抽出され、目次が挿入されます。

● ページ区切りの挿入

前述した方法で目次を挿入した場合は、目次の直後から本文が開始されます。しかし、文書によっては、目次と本文のページを分けたい場合もあるでしょう。このような場合は、本文の先頭にページ区切りを挿入します。

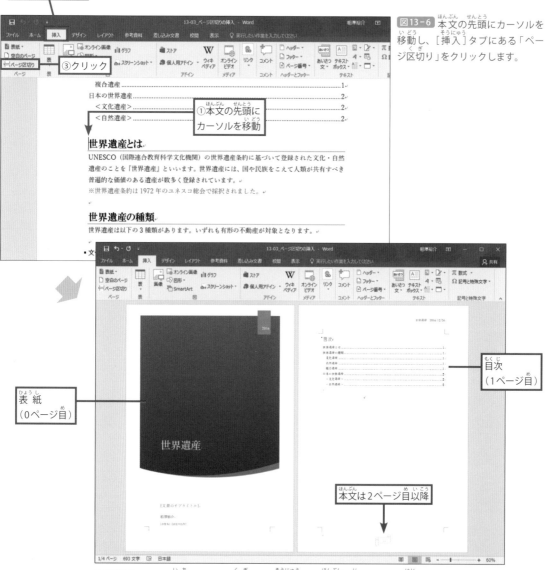

②このタブを選択

③クリック

①本文の先頭にカーソルを移動

図13-6 本文の先頭にカーソルを移動し、[挿入]タブにある「ページ区切り」をクリックします。

表紙（0ページ目）

目次（1ページ目）

本文は2ページ目以降

図13-7 カーソル位置に「ページ区切り」が挿入され、本文が次ページから始まるようになります。

● 目次の更新

目次を作成した後にページ構成を変更したり、見出しの追加や削除を行ったりしたときは、**目次の更新**を行う必要があります。この作業を忘れると、古い目次がそのまま残ってしまい、誤りのある目次になってしまいます。目次の更新は、次ページのように操作すると実行できます。

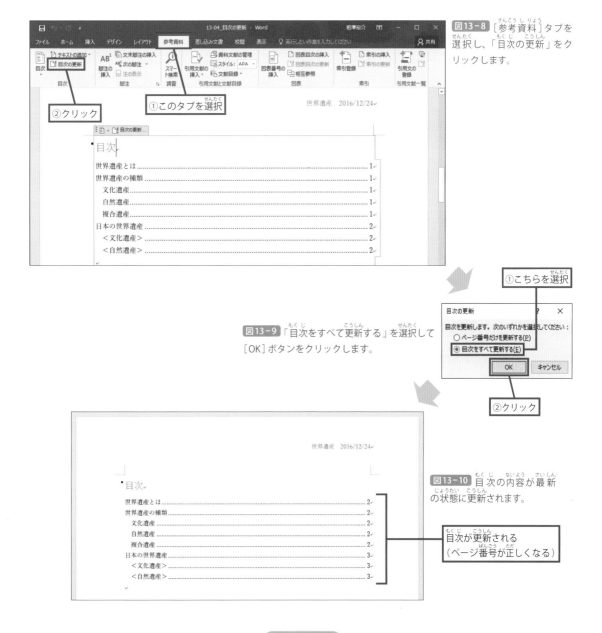

図13-8 ［参考資料］タブを選択し、「目次の更新」をクリックします。

図13-9 「目次をすべて更新する」を選択して［OK］ボタンをクリックします。

図13-10 目次の内容が最新の状態に更新されます。

目次が更新される（ページ番号が正しくなる）

演習

（1）ステップ12の演習（3）で保存したファイルを開き、文書の先頭にある「世界遺産」の段落を削除してみましょう。続いて、「スライス（濃色）」の表紙を挿入してみましょう。
※［文書のタイトル］には「世界遺産」と入力します。
※［文書のサブタイトル］には「世界遺産と日本文化」と入力します。

（2）表紙の直後（本文の前）に目次（自動作成の目次2）を挿入してみましょう。

（3）目次の直後（本文の前）にページ区切りを挿入してみましょう。また、「日本の世界遺産」の段落の前にある改行を削除し、代わりにページ区切りを挿入してみましょう。

（4）目次の更新を実行し、目次のページ番号を正しく修正してみましょう。
《作業後にファイルの上書き保存を行い、ファイルを更新しておきます》

Step 14

文書の印刷

Wordで作成した文書を紙の書類にするには、プリンターを使って印刷を行う必要があります。続いては、作成した文書を印刷するときの操作手順について解説します。

● 印刷プレビューの確認

文書を印刷するときは、はじめに**印刷プレビュー**で印刷イメージを確認しておくのが基本です。印刷プレビューは、以下のように操作すると表示できます。

このタブを選択

図14-1
[ファイル]タブを選択します。

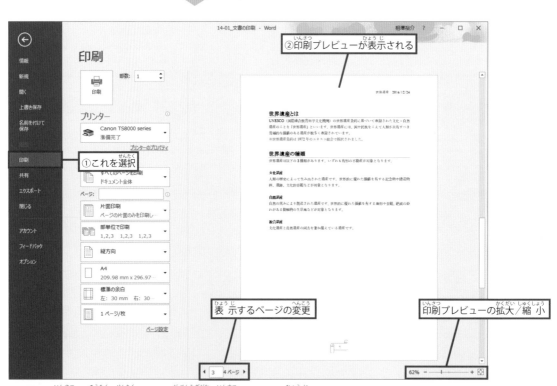

②印刷プレビューが表示される

①これを選択

表示するページの変更

印刷プレビューの拡大／縮小

図14-2 「印刷」の項目を選択すると、画面右側に印刷プレビューが表示されます。

● 印刷の設定

 ワンポイント

印刷プレビューの終了
画面の左上にある ⊖ を
クリックすると、通常の
編集画面に戻り、印刷
プレビューを終了するこ
とができます。

印刷プレビューの左側には、印刷に関連する設定項目が並んでいます。続いては、各項目で設定する内容について解説します。

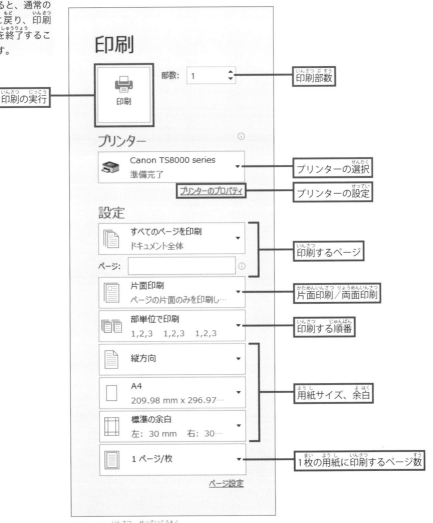

図14-3 印刷の設定項目

◆印刷部数

各ページを印刷する枚数を数値で指定します。たとえば、各ページを5枚ずつ印刷する場合は、ここに「5」と入力します。

◆プリンターの選択

印刷に使用するプリンターを選択します。

◆印刷するページ

印刷するページの範囲を指定します。文書内の特定のページだけを印刷するときは、「**ユーザー指定の範囲**」を選択し、下のボックスにページ番号を入力します。たとえば、3ページ目だけを印刷する場合は「3」と入力します。「1,3」のように**カンマ**で区切って数字を入力すると、1ページ目と3ページ目を印刷できます。また「1-3」のように**ハイフン**を使うと、1〜3ページ目を印刷できます。

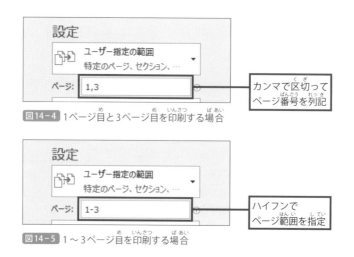

図14-4 1ページ目と3ページ目を印刷する場合

図14-5 1〜3ページ目を印刷する場合

◆片面印刷／両面印刷

用紙の片面だけに印刷するか、もしくは両面に印刷するかを指定します。なお、両面印刷に対応していないプリンターで両面印刷する場合は、「**手動で両面印刷**」を選択します。

◆印刷する順番

2部以上の印刷を指定した場合に、各ページを印刷する順番を指定します。

◆用紙サイズ、余白

用紙の向き、サイズ、余白の大きさを変更できます。なお、これらの設定は文書の作成時に指定しておくのが基本です（詳しくは本書のステップ15で解説します）。

◆1枚の用紙に印刷するページ数

1枚の用紙に印刷するページの数を指定します。ここで「2ページ/枚」を選択すると、1枚の用紙に2ページずつ縮小して印刷されるため、用紙を節約することができます。

◆プリンターのプロパティ

用紙の種類や印刷品質などは、「**プリンターのプロパティ**」をクリックして指定します。ここに表示される設定画面は使用しているプリンターごとに変化するため、詳しくはプリンターの取扱説明書を参照してください。

図14-6 プリンターのプロパティの例

印刷の実行

印刷関連の設定を指定できたら [**印刷**] ボタンをクリックして文書の印刷を開始します。以上で、印刷に関する一連の作業は完了となります。

クリックして印刷を実行

図14-7 印刷の実行

演 習

（1）**ステップ13の演習（4）**で保存したファイルを開き、**印刷プレビュー**を確認してみましょう。

（2）文書をプリンターで印刷してみましょう。

　　※印刷を実行するには、あらかじめプリンターのセッティングを済ませておく必要があります。
　　（詳しくはプリンターの取扱説明書を参照してください）

（3）**2～3ページ目**だけを印刷してみましょう。

Step 15

ページ設定

A4（縦）以外の用紙サイズで文書を作成するときは、［レイアウト］タブで設定を変更しておく必要があります。そのほか、このタブには余白や用紙の向きなどを変更する設定項目が用意されています。

● 用紙サイズの変更

これまでは、A4（縦）の用紙サイズで文書を作成してきました。他の用紙サイズで文書を作成する場合は、［レイアウト］タブで以下のように設定を変更します。

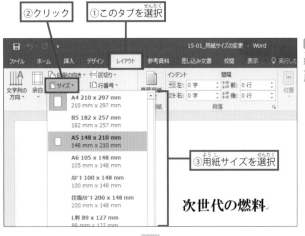

②クリック　①このタブを選択

③用紙サイズを選択

図15-1 ［レイアウト］タブを選択します。続いて、「サイズ」をクリックし、一覧から用紙サイズを選択します。

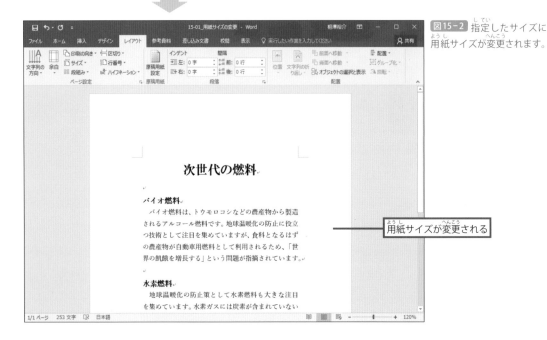

用紙サイズが変更される

図15-2 指定したサイズに用紙サイズが変更されます。

［レイアウト］タブには、用紙の向き（縦／横）を変更する設定項目も用意されています。用紙の向きは「印刷の向き」で指定します。

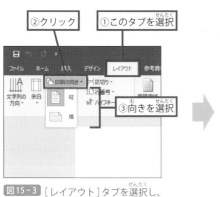

図15-3 ［レイアウト］タブを選択し、「印刷の向き」をクリックして用紙の向きを選択します。

図15-4 「印刷の向き」を「横」にすると、用紙を横に向けた状態で文書を作成できます。

文書を縦書きで作成する場合は、「文字列の方向」を操作します。ここで「縦書き」を選択すると、文章が縦書きに変更され、用紙の向きが自動的に90度回転して配置されます。

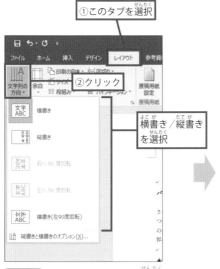

図15-5 ［レイアウト］タブを選択し、「文字列の方向」で横書き／縦書きを変更します。

図15-6 「縦書き」を指定すると、文章が縦書きになり、「印刷の向き」が自動的に90度回転されます。

● 余白の変更

［**レイアウト**］**タブ**には、用紙の上下左右にある**余白**の大きさを変更するコマンドも用意されています。余白のサイズを変更したい場合は、ここで最適なサイズを指定するようにしてください。

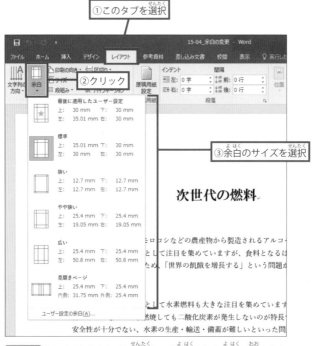

図15-7 ［レイアウト］タブを選択し、「余白」から余白の大きさを選択します。

● 「ページ設定」ウィンドウ

用紙や余白に関する設定を詳しく指定したい場合は、「ページ設定」ウィンドウを利用します。「ページ設定」ウィンドウは、［**レイアウト**］**タブ**の「ページ設定」の**領域**にある🔲をクリックすると表示できます。

図15-8 「ページ設定」ウィンドウの表示

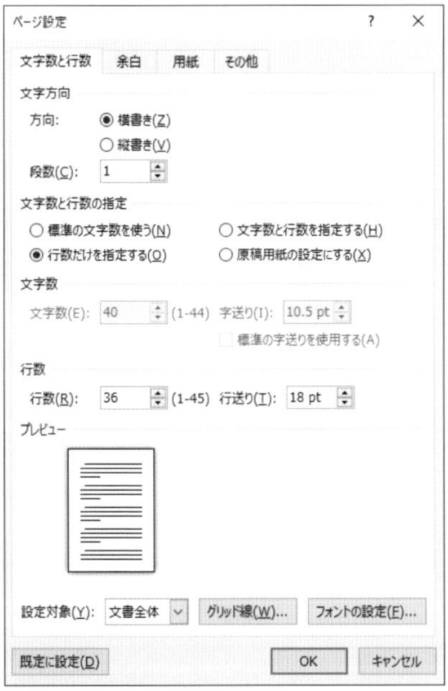

図15-9 ［文字数と行数］タブでは、横書き／縦書き、1ページあたりの文字数と行数などを指定できます。

図15-10 ［余白］タブでは、上下左右の余白を数値で指定したり、用紙の向き（縦／横）を変更したりできます。

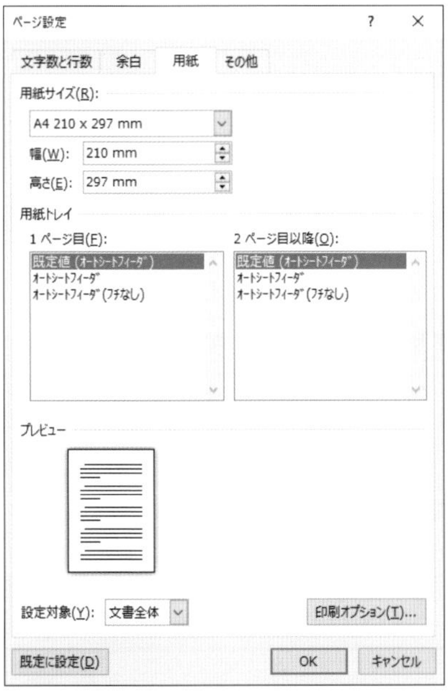

図15-11 ［用紙］タブでは、用紙サイズを指定できます。自分で数値を入力して、自由なサイズの用紙を指定することも可能です。

図15-12 ［その他］タブには、ヘッダー・フッターの位置などを調整できる設定項目が用意されています。

演 習

（1）ステップ09の演習（3）で保存したファイルを開き、用紙を A5（横）に変更してみましょう。

（2）続いて、「ページ設定」ウィンドウで、1ページあたりの**行数**を**11行**にしてみましょう。

Step 16

表の作成（1）

ここからは文書に表を作成するときの操作手順を解説します。まずは、文書に表を作成したり、行や列を挿入／削除したりする方法を解説します。また、表内の文字の配置についても解説します。

● 表の挿入と文字入力

 用語解説

セル
Wordでは、表内にある1つひとつのマス目のことをセルといいます。

文書に表を作成するときは、表を作成する位置にカーソルを移動し、［挿入］タブにある「表」で**行数**と**列数**を指定します。すると、指定した行数×列数の表が作成されるので、それぞれの**セル**をクリックして表内に文字を入力していきます。

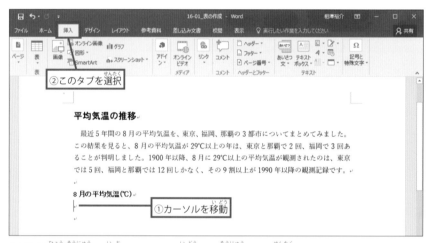

図16-1 表を挿入する位置へカーソルを移動し、［挿入］タブを選択します。

 ワンポイント

行数／列数が多い表
8行×10列より大きい表を挿入するときは、ここで「表の挿入」を選択し、行数と列数を数値で入力します。

図16-2「表」をクリックし、挿入する表の行数と列数を指定します。

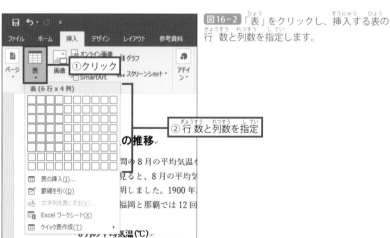

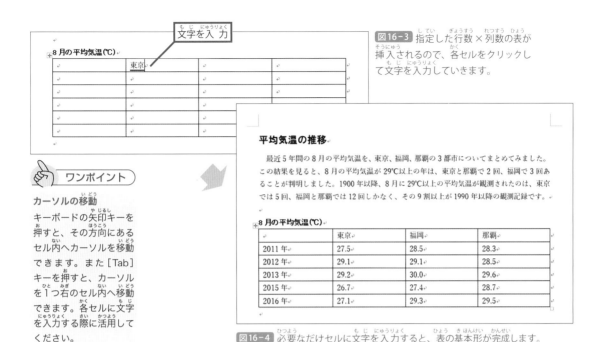

図16-3 指定した行数×列数の表が挿入されるので、各セルをクリックして文字を入力していきます。

平均気温の推移

　最近5年間の8月の平均気温を、東京、福岡、那覇の3都市についてまとめてみました。この結果を見ると、8月の平均気温が29℃以上の年は、東京と那覇で2回、福岡で3回あることが判明しました。1900年以降、8月に29℃以上の平均気温が観測されたのは、東京では5回、福岡と那覇では12回しかなく、その9割以上が1990年以降の観測記録です。

8月の平均気温(℃)

	東京	福岡	那覇
2011年	27.5	28.5	28.3
2012年	29.1	29.1	28.5
2013年	29.2	30.0	29.6
2015年	26.7	27.4	28.7
2016年	27.1	29.3	29.5

図16-4 必要なだけセルに文字を入力すると、表の基本形が完成します。

● 行、列の挿入

　表を作成した後に行の不足に気づく場合もあると思います。このような場合は、表の左側にマウスを移動し、各行の間に表示される ⊕ のアイコンをクリックして行を挿入します。表の上側で同様のマウス操作を行うと、その位置に列を挿入することができます。

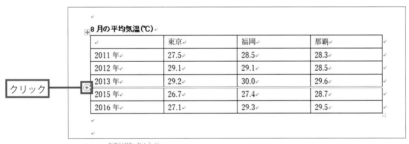

8月の平均気温(℃)

	東京	福岡	那覇
2011年	27.5	28.5	28.3
2012年	29.1	29.1	28.5
2013年	29.2	30.0	29.6
2015年	26.7	27.4	28.7
2016年	27.1	29.3	29.5

クリック

図16-5 左側に表示される ⊕ をクリックすると…、

8月の平均気温(℃)

	東京	福岡	那覇
2011年	27.5	28.5	28.3
2012年	29.1	29.1	28.5
2013年	29.2	30.0	29.6
2015年	26.7	27.4	28.7
2016年	27.1	29.3	29.5

行が挿入される

図16-6 そこに行が挿入されます。

また、**表ツール**の［レイアウト］タブを利用して行や列を挿入することも可能です。この場合、行や列が挿入される位置は**カーソルがあるセル**が基準となります。たとえば、「**上に行を挿入**」をクリックすると、以下の図のように行の挿入が行われます。

②このタブを選択

③クリック

①カーソルを移動

図16-7 表内にカーソルを移動し、表ツールの［レイアウト］タブにある「上に行を挿入」をクリックします。

ここに行が挿入される

図16-8 カーソルがあったセルの上に行が挿入されます。

● 行、列の削除

先ほどとは逆に、表から行や列を削除したい場合もあると思います。このような場合は、削除する行（または列）にあるセル内へカーソルを移動し、「**削除**」コマンドから行（または列）の削除を行います。

③クリック

②このタブを選択

④いずれかを選択

①カーソルを移動

ワンポイント

表の削除
作成した表全体を削除するときは、「削除」コマンドから「表の削除」を選択します。

図16-9 行または列の削除

表内の文字の配置

　表内に入力した文字は、その配置を自由に変更できます。文字の配置を変更するときは、マウスをドラッグしてセルを選択し、**表ツール**の［**レイアウト**］タブで配置方法を指定します。

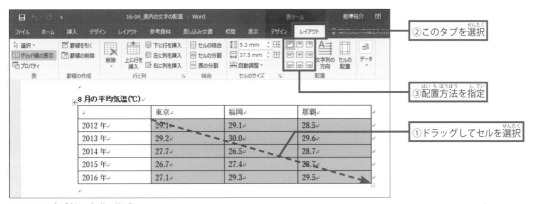

② このタブを選択
③ 配置方法を指定
① ドラッグしてセルを選択

図16-10 表内の文字の配置は、表ツールの［レイアウト］タブにある9つのアイコンで指定します。

8 月の平均気温(℃)

	東京	福岡	那覇
2012 年	29.1	29.1	28.5
2013 年	29.2	30.0	29.6
2014 年	27.7	26.5	28.7
2015 年	26.7	27.4	28.7
2016 年	27.1	29.3	29.5

図16-11 表内の数値は右揺えで配置すると、表が見やすくなります。

演習

（1）図16-4のように、表を含む文書を作成してみましょう。
　　※「平均気温の推移」の文字には、「HGPゴシックE、14ポイント」の書式を指定します。
　　※「8月の平均気温（℃）」の文字には、「MS Pゴシック、太字」の書式を指定します。
（2）演習（1）で作成した表に**行を挿入**し、下図のように「**2014年**」のデータを追加してみましょう。
（3）表から「**2011年**」の行を**削除**してみましょう。
（4）表内の数値を「**中央揃え（右）**」で配置してみましょう。さらに、他の文字の配置を「**中央揃え**」に変更してみましょう。
　　《作業後は文書をファイルに保存しておきます》

8 月の平均気温(℃)

	東京	福岡	那覇
2012 年	29.1	29.1	28.5
2013 年	29.2	30.0	29.6
2014 年	27.7	26.5	28.7
2015 年	26.7	27.4	28.7
2016 年	27.1	29.3	29.5

Step 17

表の作成 (2)

続いては、表のデザインを変更する方法を解説します。Wordには、表のデザインを簡単に指定できるスタイルが用意されています。また、セルの背景色などを自分で指定することも可能です。

表内の文字の書式

まずは、表内に入力した文字の書式について解説します。表内に入力した文字は、通常の文字と同じ手順でフォントや文字サイズなどの書式を指定できます。表の見出しを太字にするなど、表が見やすくなるように工夫するとよいでしょう。

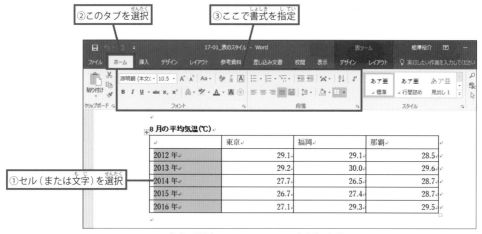

図17-1 セルまたは文字を選択し、[ホーム]タブで書式を指定します。

表のスタイル

Wordには、表全体のデザインを簡単に変更できる表のスタイルが用意されています。表のスタイルは、以下のように操作して利用します。

図17-2 表内にカーソルを移動し、表ツールの[デザイン]タブを選択します。続いて、「表のスタイル」のをクリックします。

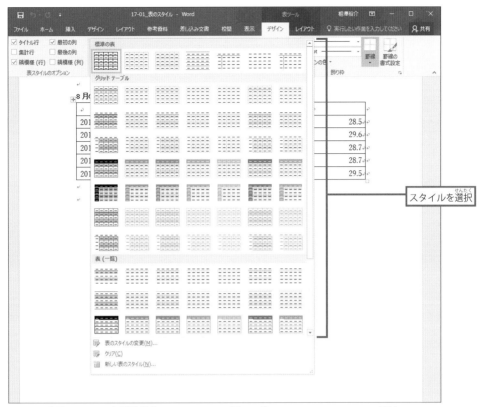

図17-3 表のスタイルが一覧 表示されるので、この中から好きなデザインのスタイルを選択します。

図17-4 表のスタイルが適用され、表全体のデザインが変更されます。

　なお、表の見出しとする行／列は、[デザイン] タブの左端にある「表スタイルのオプション」で指定します。ここで縞模様の有無などを指定することも可能です。

ここをチェックして指定

図17-5 表スタイルのオプション

- **タイトル行** ……………… 上端にある行を「見出し」として表示
- **最初の列** ……………… 左端にある列を「見出し」として表示
- **集計行** ……………… 下端にある行を強調して表示
- **最後の列** ……………… 右端にある列を強調して表示
- **縞模様(行)** ………………1行おきに背景色を変更
- **縞模様(列)** ………………1列おきに背景色を変更

● セルの背景色の指定

　　　　表のデザインを自分で作成することも可能です。各セルの背景色は、**表ツール**の[**デザイン**]タブにある「**塗りつぶし**」で指定します。

セルを選択

8月の平均気温(℃)	東京	福岡	那覇
2012年	29.1	29.1	28.5
2013年	29.2	30.0	29.6
2014年	27.7	26.5	28.7
2015年	26.7	27.4	28.7
2016年	27.1	29.3	29.5

図17-6 セルの背景色を自分で指定するときは、そのセル範囲をマウスでドラッグして選択します。

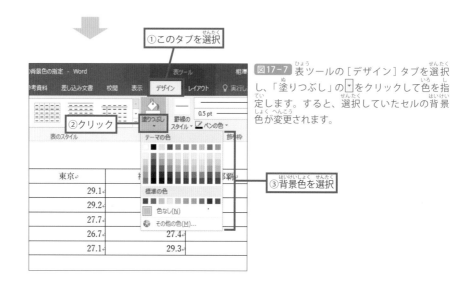

①このタブを選択

②クリック

③背景色を選択

図17-7 表ツールの[デザイン]タブを選択し、「塗りつぶし」の□をクリックして色を指定します。すると、選択していたセルの背景色が変更されます。

● 罫線の書式変更

ワンポイント

罫線の削除
表の罫線を削除するときは、線の種類に「罫線なし」を選択し、削除する罫線上をなぞるようにドラッグします。

セルを区切る罫線の書式を自分で指定することも可能です。罫線の書式を変更するときは、以下のように操作します。

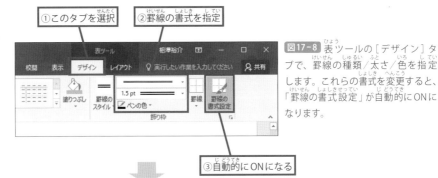

①このタブを選択　②罫線の書式を指定

③自動的にONになる

図17-8 表ツールの［デザイン］タブで、罫線の種類／太さ／色を指定します。これらの書式を変更すると、「罫線の書式設定」が自動的にONになります。

ワンポイント

「罫線」コマンド
罫線の書式を「罫線」コマンドで指定することも可能です。この場合は、選択されているセル範囲を基準に、書式の変更が行われます。

ドラッグして書式を指定

8月の平均気温(℃)

	東京	福岡	那覇
2012年	29.1	29.1	28.5
2013年	29.2	30.0	29.6
2014年	27.7	26.5	28.7
2015年	26.7	27.4	28.7
2016年	27.1	29.3	29.5

図17-9 マウスポインタの形状が ✐ になります。この状態で罫線上をなぞるようにドラッグすると、その罫線の書式を先ほど指定した書式に変更できます。

クリックしてOFFにする

図17-10 罫線の書式指定を終えるときは、「罫線の書式設定」をクリックしてOFFにし、マウスポインタを通常の形状に戻しておく必要があります。

演習

（1）ステップ16の演習（4）で保存したファイルを開き、「グリッド（表）4-アクセント4」のスタイルを適用してみましょう。

（2）「2012年」～「2016年」のセルの背景色を「ゴールド、アクセント4、白＋基本色40%」に変更してみましょう。

（3）「2012年」～「2016年」の文字色を「濃い赤」に変更してみましょう。
　　　《作業後にファイルの上書き保存を行い、ファイルを更新しておきます》

表の作成（3）

続いては、表のサイズを変更したり、表を移動したりする方法を解説します。また、セルの結合／分割を行い、格子状でない表を作成する方法も解説します。

● 表のサイズ変更

表は文書と同じ横幅で作成されますが、これを異なるサイズに変更することも可能です。表全体のサイズを変更するときは以下のように操作します。

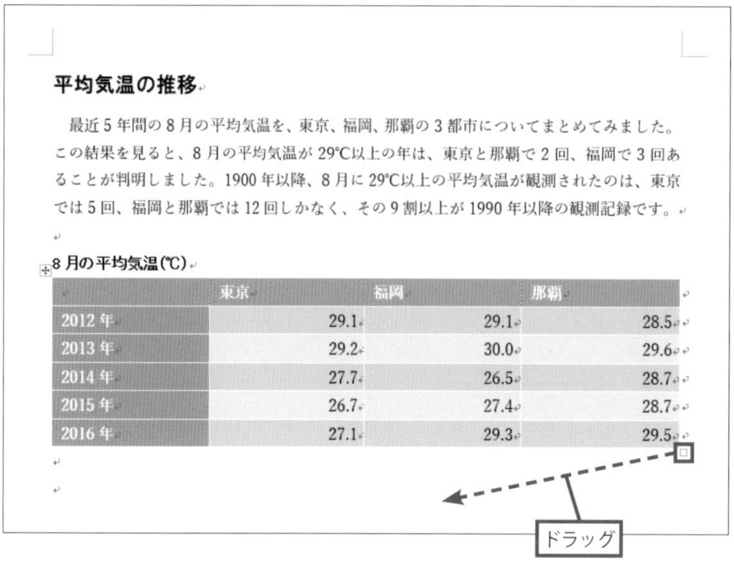

図18-1 表内にカーソルを移動し、表の右下にある □ をドラッグします。

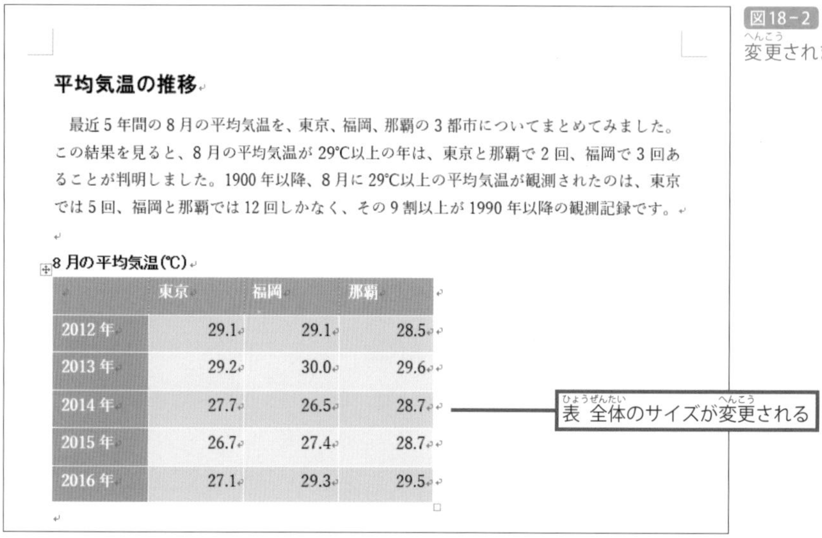

平均気温の推移

最近5年間の8月の平均気温を、東京、福岡、那覇の3都市についてまとめてみました。この結果を見ると、8月の平均気温が29℃以上の年は、東京と那覇で2回、福岡で3回あることが判明しました。1900年以降、8月に29℃以上の平均気温が観測されたのは、東京では5回、福岡と那覇では12回しかなく、その9割以上が1990年以降の観測記録です。

8月の平均気温(℃)

	東京	福岡	那覇
2012 年	29.1	29.1	28.5
2013 年	29.2	30.0	29.6
2014 年	27.7	26.5	28.7
2015 年	26.7	27.4	28.7
2016 年	27.1	29.3	29.5

ドラッグ

図18-2 表全体のサイズが変更されます。

平均気温の推移

最近5年間の8月の平均気温を、東京、福岡、那覇の3都市についてまとめてみました。この結果を見ると、8月の平均気温が29℃以上の年は、東京と那覇で2回、福岡で3回あることが判明しました。1900年以降、8月に29℃以上の平均気温が観測されたのは、東京では5回、福岡と那覇では12回しかなく、その9割以上が1990年以降の観測記録です。

8月の平均気温(℃)

	東京	福岡	那覇
2012 年	29.1	29.1	28.5
2013 年	29.2	30.0	29.6
2014 年	27.7	26.5	28.7
2015 年	26.7	27.4	28.7
2016 年	27.1	29.3	29.5

表全体のサイズが変更される

● 列の幅、行の高さの変更

ワンポイント

列の幅や行の高さを自由に変更することも可能です。この場合は、列や行を区切る罫線をマウスでドラッグします。

サイズを数値で指定
列の幅、行の高さを数値で指定するときは、表ツールの[レイアウト]タブにある「セルのサイズ」に数値を入力します。この場合は、カーソルがあるセルの幅と高さが変更されます。

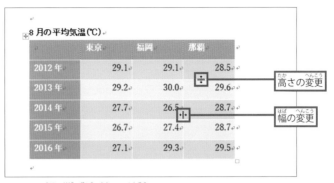

図18-3 列の幅、行の高さの変更

● 列の幅、行の高さを揃える

表ツールの[レイアウト]タブには、列の幅や行の高さを均一に揃えるコマンドが用意されています。たとえば、列の幅を均一に揃える場合は、以下のように操作します。

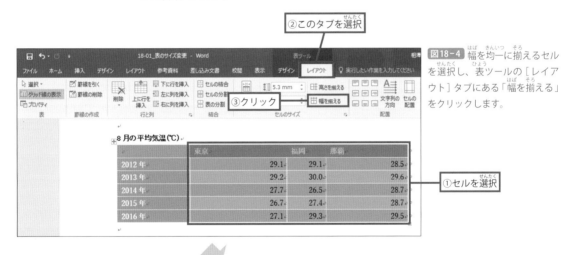

図18-4 幅を均一に揃えるセルを選択し、表ツールの[レイアウト]タブにある「幅を揃える」をクリックします。

図18-5 選択していた範囲の列の幅が均一に揃えられます。

● 表の移動

文書内で表の位置を移動するときは、表の左上にある⊞をドラッグします。なお、文章が入力されている場所に表を移動した場合は、表の周りに文章が折り返して配置されます。

ここをドラッグ

図18-6 表の移動

文章が折り返して配置される

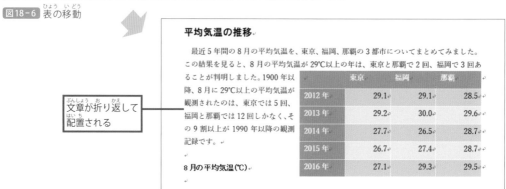

図18-7 文章中に表を移動した場合

● セルの結合

作成する表が完全な格子状でない場合は、**セルの結合**を利用して表を作成します。2つ以上のセルを結合するときは、以下のように操作します。

③クリック

②このタブを選択

①セルを選択

図18-8 結合するセルを選択し、表ツールの[レイアウト]タブにある「セルの結合」をクリックします。

ワンポイント

セルの分割

1つのセルを複数のセルに分割することも可能です。この場合は、分割するセルにカーソルを移動し、表ツールの［レイアウト］タブにある「セルの分割」をクリックします。続いて、列数と行数を指定すると、セルを指定した列数／行数に分割できます。

セルが結合される

8月の平均気温（℃）と降水量（mm）

	東京		福岡		那覇	
	平均気温	降水量	平均気温	降水量	平均気温	降水量
2012 年	29.1	25.0	29.1	188.5	28.5	674.0
2013 年	29.2	99.0	30.0	501.5	29.6	212.0
2014 年	27.7	105.0	26.5	462.5	28.7	229.0
2015 年	26.7	103.5	27.4	319.5	28.7	278.0
2016 年	27.1	414.0	29.3	128.0	29.5	209.0

図18-9 選択していたセルが1つのセルに結合されます。

演 習

（1）ステップ17の演習（3）で保存したファイルを開き、表を以下の図のように変更してみましょう。
　　※行や列を挿入して表を変更します。
　　※表のタイトルは、「8月の平均気温（℃）と降水量（mm）」に修正します。

8月の平均気温（℃）と降水量（mm）

	東京		福岡		那覇	
	平均気温	降水量	平均気温	降水量	平均気温	降水量
2012 年	29.1	25.0	29.1	188.5	28.5	674.0
2013 年	29.2	99.0	30.0	501.5	29.6	212.0
2014 年	27.7	105.0	26.5	462.5	28.7	229.0
2015 年	26.7	103.5	27.4	319.5	28.7	278.0
2016 年	27.1	414.0	29.3	128.0	29.5	209.0

太字

（2）「平均気温」と「降水量」の列（2〜7列目）の幅を均一に揃えてみましょう。
（3）セルを結合し、「東京」「福岡」「那覇」のセルを2列分の幅にしてみましょう。
（4）書式を以下のように変更し、表全体のデザインを整えてみましょう。
　　　　・2行目 ………………… 背景色「ゴールド、アクセント4」、文字色「白」
　　　　・太線を描画 ………… 2〜3行目、1〜2列目、3〜4列目、5〜6列目の間
　　　　・細線を描画 ………… 1〜2行目、2〜3列目、4〜5列目、6〜7列目の間
　　《作業後にファイルの上書き保存を行い、ファイルを更新しておきます》

太線（実線、1.5pt、黒）

細線（実線、0.5pt、黒）

Step 19

画像の利用（1）

Wordは、写真などを貼り付けた文書の作成にも対応しています。続いては、文書に画像を挿入したり、画像のサイズや配置方法を変更したりする方法について解説します。

● 画像の挿入

パソコンに保存されている画像ファイルを文書に貼り付けるときは、［挿入］タブにある「画像」を利用して以下のように操作します。

②このタブを選択

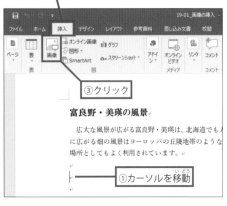

③クリック

①カーソルを移動

図19-1 画像を貼り付ける位置にカーソルを移動し、［挿入］タブにある「画像」をクリックします。

①フォルダーを指定

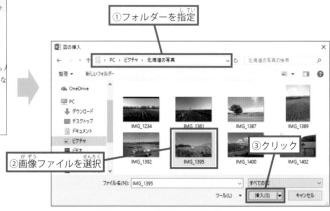

②画像ファイルを選択

③クリック

図19-2 画像ファイルを選択し、［挿入］ボタンをクリックします。

画像が挿入される

図19-3
文書に画像が挿入されます。

● 画像のサイズ変更

ワンポイント

上下左右のハンドル
画像の上下左右にあるハンドルをドラッグして画像のサイズを変更することも可能です。ただし、この場合は画像の縦横比が変更されてしまうことに注意してください。

ワンポイント

サイズを数値で指定
画像のサイズを数値で指定する場合は、図ツールの[書式]タブにある「サイズ」を利用します。ここで幅（または高さ）を指定すると、縦横比を維持したまま画像のサイズを変更できます。

文書に挿入した画像は、そのサイズを自由に変更できます。画像のサイズを変更するときは、画像をクリックして選択し、四隅にある をドラッグします。このとき、画像の上にある をドラッグして、画像を回転させることも可能です。

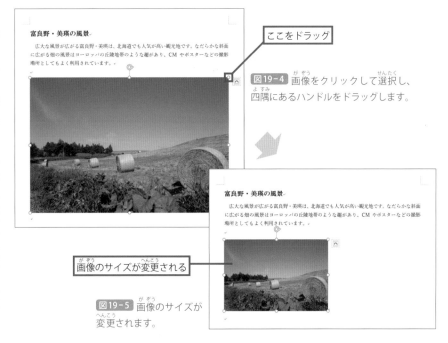

ここをドラッグ

図19-4 画像をクリックして選択し、四隅にあるハンドルをドラッグします。

画像のサイズが変更される

図19-5 画像のサイズが変更されます。

● 画像の行揃え

画像を文書の左右中央に配置するときは、画像を選択した状態で[ホーム]タブにある をクリックします。同様に、をクリックして文書の右端に画像を配置することも可能です。

①このタブを選択

② 行揃えを指定

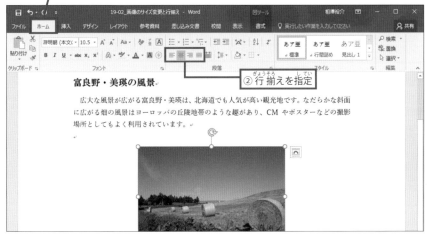

図19-6 画像を「中央揃え」で配置した場合。

● 画像の移動

文書に挿入した画像を移動するときは、画像そのものをドラッグします。すると、ドラッグ先に画像を移動することができます。

図19-7 画像の移動

● 画像の配置方法

初期設定では、挿入した画像が「**行内**」のレイアウトで配置される仕組みになっています。これを他の配置方法に変更するときは、画像をクリックして選択し、右上に表示される 🔲（**レイアウト オプション**）から別の配置方法を選択します。

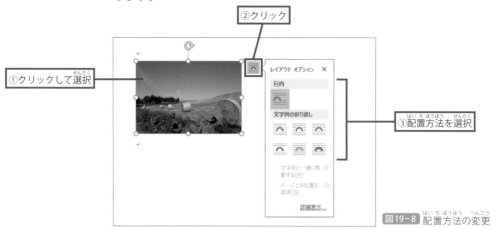

図19-8 配置方法の変更

Wordには、全部で7種類の配置方法が用意されています。このうち、よく利用するのは以下の4種類です。

図19-9 「**行内**」の配置方法
画像が1つの巨大な文字として扱われます。このため、文章内に画像を移動すると、その行の行間が大きくなります。

富良野・美瑛の風景 （四角形の配置方法）

広大な風景が広がる富良野・美瑛は、北海道でも人気が高い観光地です。なだらかな斜面に広がる畑の風景はヨーロッパの丘陵地帯のような趣があり、CM やポスターなどの撮影場所としてもよく利用されています。

図19-10 「四角形」の配置方法

文字と画像が独立して扱われるため、画像を好きな位置へ移動できます。画像と重なる部分は、文字が画像の周囲に回り込んで配置されます。

富良野・美瑛の風景 （背面の配置方法）

広大な風景が広がる富良野・美瑛は、北海道でも人気が高い観光地です。なだらかな斜面に広がる畑の風景はヨーロッパの丘陵地帯のような趣があり、CM やポスターなどの撮影場所としてもよく利用されています。

図19-11 「背面」の配置方法

文字の背面に画像が配置されます。「四角形」の配置方法と同じく、画像を好きな位置へ移動できます。

富良野・美瑛の風景 （前面の配置方法）

美瑛は、北海道でも人気が高い観光地です。なだらかな斜面の丘陵地帯のような趣があり、CM やポスターなどの撮影ます。

図19-12 「前面」の配置方法

文字の前面に画像が配置されます。このため、画像と重なる部分の文字が見えなくなります。「四角形」や「背面」の配置方法と同じく、画像を好きな位置へ移動できます。

演 習

（1） 以下のような文章を入力し、文書に**画像**を挿入してみましょう。

※ この演習で使用する画像ファイルは、以下のWebページからダウンロードできます。

http://www.cutt.jp/books/word2016_832/

※ 文書に挿入した画像は、適当なサイズに縮小します。

南国の島々には、まだまだ美しい自然が残っています。青い空、透き通る海、サンゴ礁と遊ぶ熱帯魚。どれも都会の海では見られない光景です。ゆったりとした時間を過ごせるのも南国ならではの魅力といえるでしょう。

（2） 画像の配置方法を「**四角形**」に変更し、文章の右側に画像を移動してみましょう。

《作業後は文書をファイルに保存しておきます》

画像の利用（2）

Wordには、文書に貼り付けた画像を加工する機能も用意されています。このため、画像処理のアプリケーションがなくても簡単な加工を施すこと可能です。続いては、画像を加工する方法を解説します。

●画像の回転

縦位置で撮影した写真を正しい向きに直したいときは、図ツールの［書式］タブにある🖼（回転）を利用します。

②このタブを選択　③クリック

①クリックして選択

④回転方向を選択

図20-1 画像をクリックして選択し、図ツールの［書式］タブを選択します。続いて「回転」をクリックし、回転させる方向を選択します。

図20-2 画像が回転され、正しい向きで配置されます。

●画像の切り抜き

画像の一部分だけを切り抜いて使用することも可能です。画像の一部分だけを切り抜くときは、図ツールの［書式］タブにある「トリミング」を利用します。

①このタブを選択

②クリック

図20-3 画像をクリックして選択し、図ツールの［書式］タブにある「トリミング」をクリックします。

図20-4 画像の四隅と上下左右にトリミング用のハンドルが表示されます。これをドラッグして切り抜く範囲を指定します。

図20-5 画像の外をクリックするとトリミングが確定し、指定した範囲だけを切り抜くことができます。

画像の外をクリックして確定

● 色調の調整

　図ツールの［書式］タブには、**シャープネス**（鮮明さ）、**明るさ**、**コントラスト**（明暗の差）を調整できる「**修整**」も用意されています。この機能は、撮影に失敗した写真を修整する場合などに活用できます。

①クリック

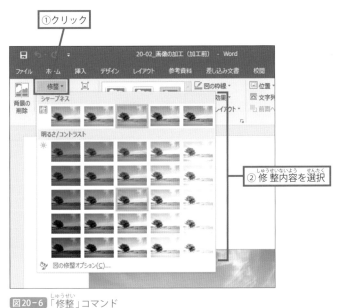

② 修整内容を選択

図20-6 「修整」コマンド

ぼかし ←→ 鮮明

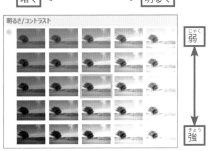

図20-7 シャープネスの調整

暗く ←→ 明るく

弱　強

図20-8 明るさとコントラストの調整

● 図のスタイル

図ツールの［書式］タブにある「**図のスタイル**」は、画像に様々な装飾を施す場合に利用します。「図のスタイル」には、以下のような28種類の装飾方法が用意されています。

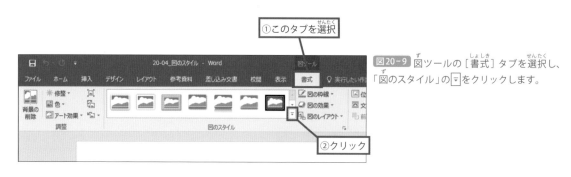

図20-9 図ツールの［書式］タブを選択し、「図のスタイル」の▼をクリックします。

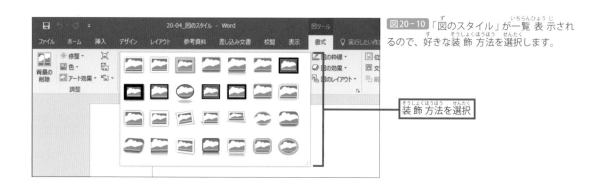

図20-10 「図のスタイル」が一覧表示されるので、好きな装飾方法を選択します。

図20-11 画像にスタイルが適用され、装飾が施されます（左図は「透視投影、緩い傾斜、白」のスタイルを適用した場合）。

画像が装飾される

● 図の枠線、図の効果

そのほか、画像の周囲に枠線を描画できる「**図の枠線**」や、画像に影や反射などの効果を加えられる「**図の効果**」といったコマンドが用意されています。

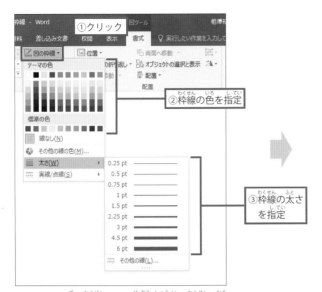

図20-13 画像に枠線を指定した例

図20-12 「図の枠線」は、画像の周囲を枠線で囲む場合に利用します。

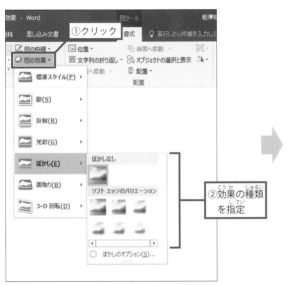

図20-15 「ぼかし」の効果を適用した例

図20-14 「図の効果」は、画像に「影」「反射」「光彩」「ぼかし」などの効果を加える機能となります。

演習

（1）ステップ19の演習（2）で保存したファイルを開き、「修整」を使って画像のコントラストを20%強くしてみましょう。

（2）画像の周囲を色「オレンジ」、太さ「3pt」の枠線で囲ってみましょう。

（3）「図のスタイル」を利用し、画像に「回転、白」のスタイルを適用してみましょう。

《作業後にファイルの上書き保存を行い、ファイルを更新しておきます》

Step 21 図形の描画

Wordには、四角形や円、星型、立方体、円柱、矢印など、さまざまな形状の図形を描画できる機能が用意されています。続いては、Wordの図形描画機能について解説します。

● 図形の描画

文書に図形を描画するときは、[挿入]タブにある「図形」を利用し、以下のように操作します。

①このタブを選択 ②クリック

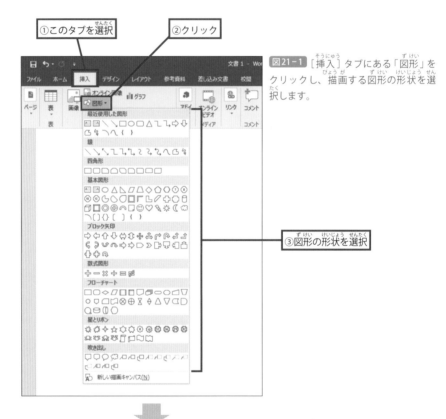

図21-1 [挿入]タブにある「図形」をクリックし、描画する図形の形状を選択します。

③図形の形状を選択

 ワンポイント

[Shift]キーの利用
図形を描画するときに[Shift]キーを押しながらマウスをドラッグすると、縦横の比率が等しい図形を描画できます。正方形や正円を描画する場合などに活用してください。

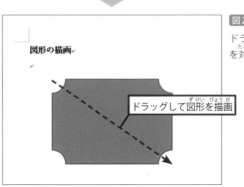

図21-2 続いて、文書上をマウスでドラッグすると、ドラッグした範囲を対角線とする図形を描画できます。

図形の描画

ドラッグして図形を描画

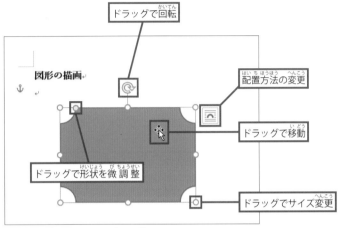

描画した図形は「前面」の配置方法が指定されているため、文書内の好きな位置へ移動できます。もちろん、四隅や上下左右にある⊡（ハンドル）をドラッグして図形のサイズを変更することも可能です。そのほか、図形によっては、形状を微調整できる⬡（調整ハンドル）が表示される場合もあります。

図形の描画

ドラッグで回転

配置方法の変更

ドラッグで移動

ドラッグで形状を微調整

ドラッグでサイズ変更

図21-3 図形のサイズ変更と移動

●塗りつぶしと枠線

描画した図形をクリックして選択すると、描画ツールの[書式]タブを利用できるようになります。ここでは、「図形の塗りつぶし」や「図形の枠線」などを指定することができます。

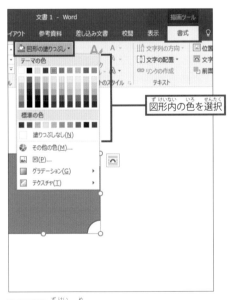

図21-4 図形の塗りつぶし

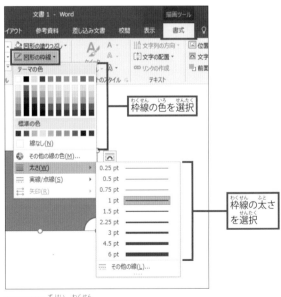

図21-5 図形の枠線

● 図形の効果

描画ツールの［書式］タブには、図形に影を付けたり、図形を立体化できる「**図形の効果**」も用意されています。

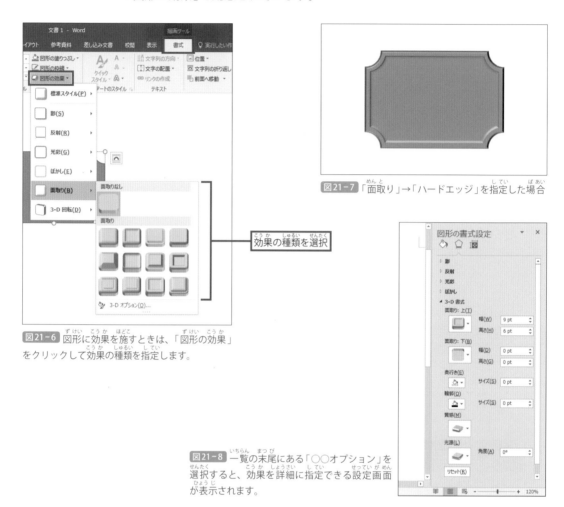

図21-7 「面取り」→「ハードエッジ」を指定した場合

図21-6 図形に効果を施すときは、「図形の効果」をクリックして効果の種類を指定します。

図21-8 一覧の末尾にある「○○オプション」を選択すると、効果を詳細に指定できる設定画面が表示されます。

● 図形のスタイル

図形の書式を指定する際に「**図形のスタイル**」を利用しても構いません。「図形のスタイル」を適用すると、図形内の塗りつぶし、枠線、効果などの書式を一括指定できます。

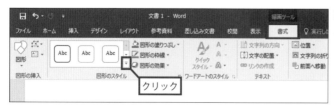

図21-9 描画ツールの［書式］タブを選択し、「図形のスタイル」の▽をクリックします。

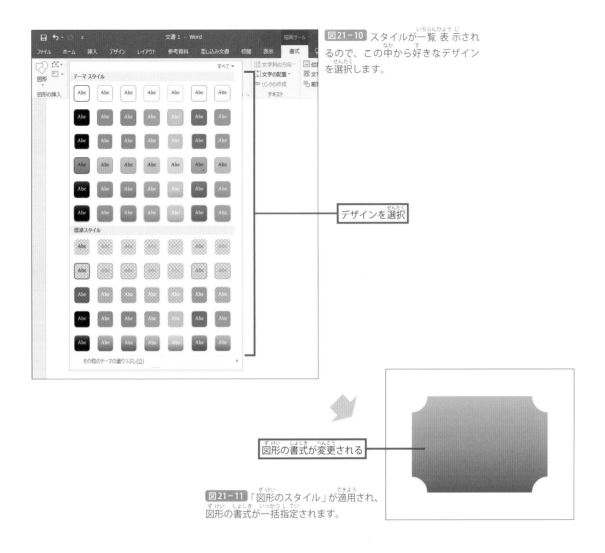

図21-10 スタイルが一覧 表示されるので、この中から好きなデザインを選択します。

デザインを選択

図形の書式が変更される

図21-11「図形のスタイル」が適用され、図形の書式が一括指定されます。

演 習

（1）新しい文書を作成し、「星: 5pt」の図形を描画してみましょう。
（2）図形の塗りつぶしの色を「オレンジ」、図形の枠線を「青、6pt」に変更してみましょう。
（3）「図形の効果」を利用し、「影」→「透視投影: 左上」の効果を図形に施してみましょう。

（4）図形に「光沢 - ゴールド、アクセント4」のスタイルを適用してみましょう。

Step 22 テキストボックスとワードアート

テキストボックスは文字入力が可能な図形で、文書内の好きな位置に配置できるのが特長です。一方、ワードアートは"飾り文字"を手軽に作成できる機能で、文書のタイトル文字などに活用できます。

● テキストボックスの描画

　　テキストボックスは内部に文字を入力できる図形で、コラムや画像の説明文を作成する場合などに活用できます。ステップ21で解説した図形と同様に、「図形の塗りつぶし」や「図形の枠線」などの書式を指定することも可能です。
　テキストボックスを描画するときは、「図形」の一覧から 🔲（テキストボックス）または 📃（縦書きテキストボックス）を選択し、以下のように操作します。

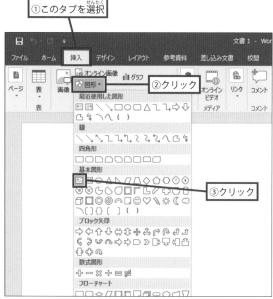

図22-1 ［挿入］タブにある「図形」をクリックし、🔲 を選択します。

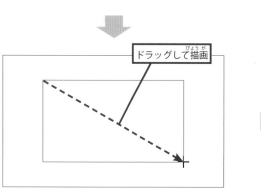

図22-2 文書上をマウスでドラッグして、テキストボックスを描画します。

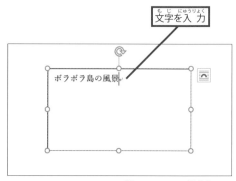

図22-3 テキストボックス内にカーソルが表示されるので、キーボードを使って文字を入力していきます。

● テキストボックスの移動とサイズ変更

テキストボックスは図形の一種となるため、位置やサイズを自由に変更できます。テキストボックスのサイズは、四隅や上下左右にある○（ハンドル）をドラッグして調整します。テキストボックスを移動するときは、テキストボックスの周囲にある枠線をドラッグします。

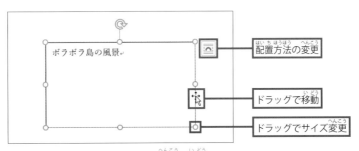

`図22-4` テキストボックスのサイズ変更と移動

● テキストボックスの書式指定

 ワンポイント

文字の書式指定

テキストボックス内に入力した文字は、フォントや文字サイズなどの書式を［ホーム］タブで指定します。この操作手順は、通常の文字の書式を指定する場合と同じです。

テキストボックスをクリックして選択すると、**描画ツール**の［**書式**］タブを利用できるようになります。ここでは、「**図形の塗りつぶし**」や「**図形の枠線**」、「**図形のスタイル**」といった書式を指定できます。

`図22-5` テキストボックスの書式指定

また、テキストボックス内の文字の上下位置を指定するコマンドも用意されいます。文字をテキストボックス内の上下中央に配置するときは、「**文字の配置**」をクリックし、「**上下中央揃え**」を選択します。

`図22-6` 文字の配置

`図22-7` 「上下中央揃え」で配置した場合

● 図形をテキストボックスにする

テキストボックスではない通常の図形も、内部に文字を入力することが可能です。矢印やリボンなどの図形に文字を入力するときは、その図形を選択した状態でキーボードから文字を入力します。

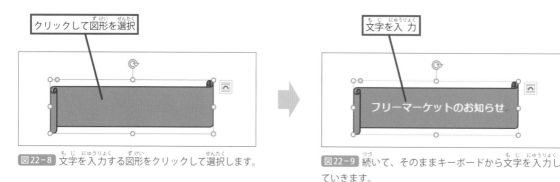

クリックして図形を選択

文字を入力

図22-8 文字を入力する図形をクリックして選択します。

図22-9 続いて、そのままキーボードから文字を入力していきます。

● ワードアートの作成

文書のタイトル文字などを"飾り文字"にしたい場合は、［A］（ワードアート）を利用すると便利です。ワードアートを文書に挿入するときは以下のように操作します。

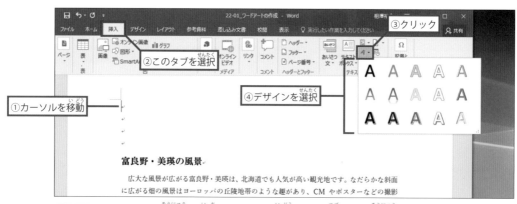

③クリック

②このタブを選択

④デザインを選択

①カーソルを移動

富良野・美瑛の風景

広大な風景が広がる富良野・美瑛は、北海道でも人気が高い観光地です。なだらかな斜面に広がる畑の風景はヨーロッパの丘陵地帯のような趣があり、CM やポスターなどの撮影

図22-10 ワードアートを挿入する位置へカーソルを移動します。続いて、［挿入］タブにある［A］（ワードアート）をクリックし、一覧から好きなデザインを選択します。

ワンポイント

文字の書式指定
ワードアートの文字の書式を変更することも可能です。この場合はワードアートの文字をドラッグして選択し、［ホーム］タブでフォントや文字サイズなどを指定します。

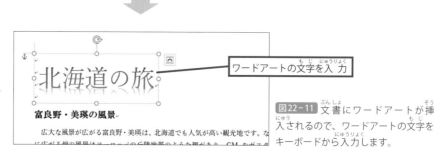

ワードアートの文字を入力

富良野・美瑛の風景

広大な風景が広がる富良野・美瑛は、北海道でも人気が高い観光地です。な

図22-11 文書にワードアートが挿入されるので、ワードアートの文字をキーボードから入力します。

● ワードアートの書式指定

　　　　　ワードアートをクリックして選択すると、描画ツールの［書式］タブを利用できるようになります。このタブは、作成したワードアートの書式を変更するときに利用します。通常、ワードアートには「前面」の配置方法が指定されています。これを他の配置方法に変更するときは、🔲を利用します（詳しくはP80～81参照）。そのほか、🅰（文字の塗りつぶし）、🅰（文字の輪郭）、🅰（文字の効果）を使ってワードアートの色や形状などを変更することも可能です。

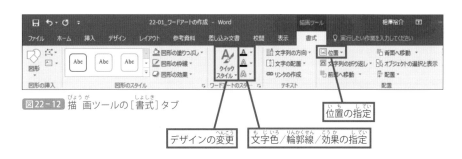

図22-12　描画ツールの［書式］タブ

位置の指定

デザインの変更　　文字色／輪郭線／効果の指定

演 習

（1）ステップ20の演習（3）で保存したファイルを開き、テキストボックスを使って「ボラボラ島の風景」という文字を配置してみましょう。
　　※文字の書式：MS P ゴシック、12ポイント、太字、中央揃え、上下中央揃え
　　※図形のスタイル：グラデーション - オレンジ、アクセント 2
（2）文書の先頭に「南の島通信」というワードアートを挿入し、フォントを「HGP ゴシック E」に変更してみましょう。
　　※ワードアートのデザインは各自の好みで選択してください。
（3）描画ツールの［書式］タブにある「位置」を利用し、ワードアートを文書の上部中央に配置してみましょう。さらに、🅰（文字の効果）を利用してワードアートに影を付けてみましょう。

ワードアート

テキストボックス

グラフの作成（1）

調査結果や実験結果などを示すときは、グラフを利用した方がわかりやすく結果を伝えられる場合もあります。続いては、Wordを使って文書にグラフを作成するときの操作手順を解説します。

● グラフの作成

Wordには、数値データを基にグラフを作成する機能が用意されています。この機能を使ってグラフを作成するときは、以下のように操作します。

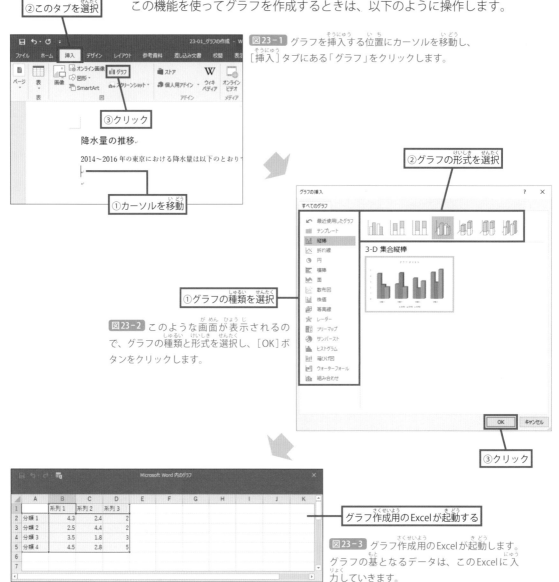

②このタブを選択

③クリック

①カーソルを移動

図23-1 グラフを挿入する位置にカーソルを移動し、［挿入］タブにある「グラフ」をクリックします。

②グラフの形式を選択

①グラフの種類を選択

図23-2 このような画面が表示されるので、グラフの種類と形式を選択し、［OK］ボタンをクリックします。

③クリック

グラフ作成用のExcelが起動する

図23-3 グラフ作成用のExcelが起動します。グラフの基となるデータは、このExcelに入力していきます。

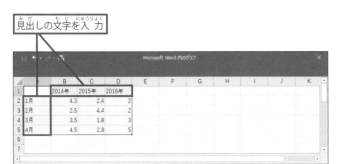

見出しの文字を入力

図23-4 まずは、グラフの縦軸／横軸に表示する「見出し」を入力します。

数値データを入力

図23-5 続いて、グラフの基となる数値データを入力します。

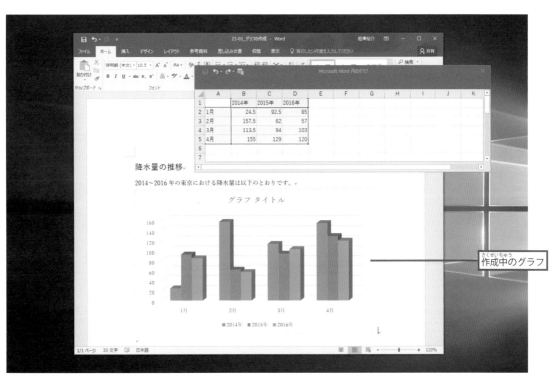

作成中のグラフ

図23-6 データの入力途中でグラフの様子を確認することも可能です。Wordの画面を見ると、Excelに入力したデータを基にグラフが作成されているのを確認できます。

ワンポイント

データの範囲の指定
グラフ化するデータの範囲は、青い枠線の右下にある■をドラッグすると変更できます。データの数が3列×4行より少ない場合は、■をドラッグして「グラフ化する範囲」を小さくしてください。

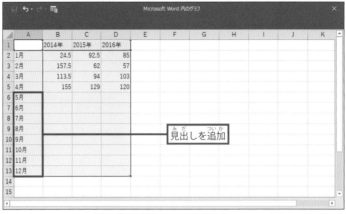

図23-7 もちろん、3列×4行以上のデータを入力することも可能です。この場合は、Excelのウィンドウを広げて「見出し」の文字を入力していきます。

図23-8 続いて、各項目の数値データを入力していきます。

図23-9 グラフの基となるデータを全て入力できたら、ウィンドウ右上にある ✕ をクリックしてExcelを終了します。

データの再編集
グラフの基データを修正するときは、グラフツールの[デザイン]タブにある「データの編集」をクリックします。するとグラフ編集用のExcelが起動し、データを修正できるようになります。

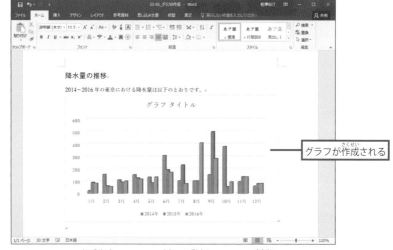

図23-10 Excelに入力したデータを基に、文書にグラフが作成されます。

グラフのサイズ変更と移動

　文書に挿入したグラフは、四隅や上下左右にある🔘（ハンドル）をドラッグしてサイズを変更します。グラフの位置を移動するときは、グラフを囲む枠線をドラッグします。もちろん、🖼をクリックしてグラフの配置方法を変更することも可能です（詳しくはP80〜81を参照）。

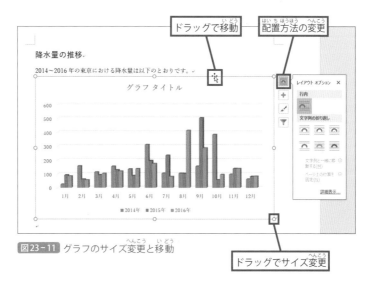

図23-11 グラフのサイズ変更と移動

演習

（1）Wordを起動し、**図23-10**のように**グラフ**を含む文書を作成してみましょう。
　　※「降水量の推移」の文字には「游ゴシック Medium、14ポイント」の書式を指定します。
　　※ グラフの基となるデータは、図23-9を参照してください。
　《作業後は文書をファイルに保存しておきます》

Step 24 グラフの作成（2）

文書に作成したグラフは、全体のデザインや表示する要素などを細かく指定することが可能です。続いては、作成したグラフの見た目を整える方法について解説します。

● グラフに表示する要素

作成したグラフをクリックして選択すると、右側に4つのアイコンが表示されます。これらのうち上から2番目にある ⊞（**グラフ要素**）は、グラフ内に表示する要素を変更するときに利用します。

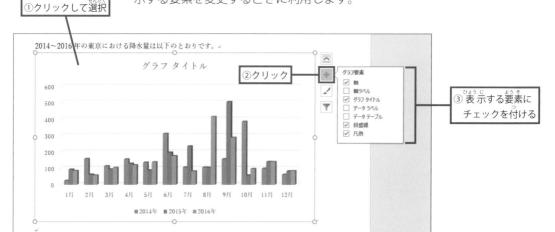

① クリックして選択

② クリック

③ 表示する要素にチェックを付ける

図24-1 グラフに表示する要素の指定

ワンポイント

数値データの表示
「データ ラベル」または「データ テーブル」をチェックすると、グラフ内に各データの数値を表示できます。グラフ内に数値が表示される様子は、実際に項目をチェックして自分の目で確認してみてください。

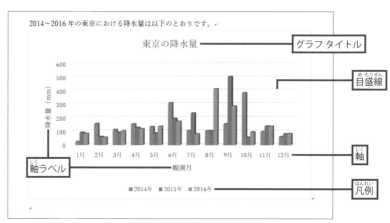

グラフ タイトル

目盛線

軸

凡例

軸ラベル

図24-2 グラフ内の各要素の名称

「**グラフ タイトル**」や「**軸ラベル**」の文字を変更するときは、その要素をクリックして選択し、キーボードから文字を入力します。これらの文字の書式を[**ホーム**]タブで指定することも可能です。

98

● グラフ スタイルの変更

グラフ全体のデザインを手軽に変更できる「**グラフ スタイル**」も用意されています。この機能を使ってグラフのデザインを変更するときは、 （**グラフ スタイル**）をクリックし、一覧から好きなデザインを選択します。

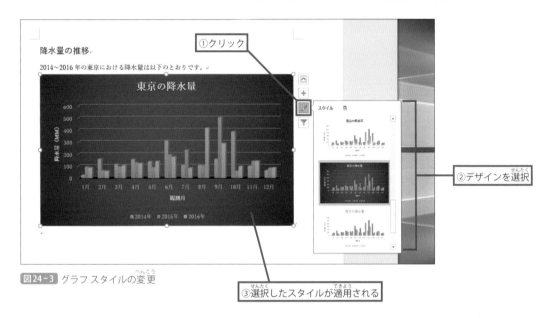

図24-3 グラフ スタイルの変更

● グラフ フィルターの活用

 （**グラフ フィルター**）のアイコンは、グラフに表示するデータを変更する場合に利用します。ここで不要な項目のチェックを外してから［**適用**］ボタンをクリックすると、そのデータを除外したグラフに変更できます。

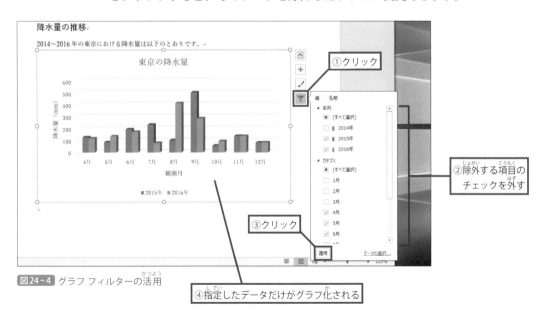

図24-4 グラフ フィルターの活用

● グラフのデザインの詳細設定

グラフをクリックして選択すると、**グラフ ツール**の [**デザイン**] タブを利用できるようになります。このタブを使ってグラフ表示をカスタマイズすることも可能です。ここでは、一般的によく使用されるコマンドについて機能の概略を紹介します。

図24-5 グラフツールの [デザイン] タブ

◆ グラフ要素を追加

グラフ内に表示される各要素（図24-2参照）について、表示/非表示や位置などを細かく指定できます。「凡例」の位置を変更したり、縦軸（または横軸）にだけ「軸ラベル」を表示したりする場合などに利用します。

◆ 色の変更

一覧から色の組み合わせを選択することにより、グラフ全体の配色を手軽に変更できます。

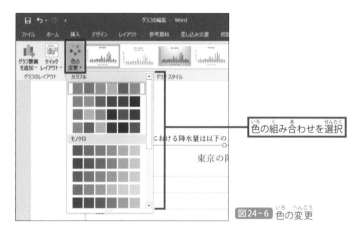

色の組み合わせを選択

図24-6 色の変更

◆ グラフ スタイル

グラフ スタイルを変更できます（P99で解説した📈と同様の機能です）。

◆ データの編集

Excelのウィンドウを再び表示して、作成したグラフの基データを修正する場合に利用します。

◆ 行／列の切り替え

基データの行と列の関係を入れ替えて、グラフを作成し直すことができます。ただし、このコマンドを使用するときは、「データの編集」をクリックしてExcelのウィンドウを画面に表示しておく必要があります。

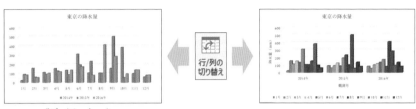

図24-7 行／列の切り替え

◆ グラフの種類の変更

作成したグラフを、別の種類のグラフ（棒グラフ、折れ線グラフ、円グラフなど）に変更できます。

　そのほか、グラフ内にある各要素を**右クリック**して、「**塗りつぶし**」や「**枠線**」などを指定することも可能です。このとき、右クリックメニューから「○○の書式設定」を選択すると、その要素の書式を細かく指定できる設定画面が表示されます。

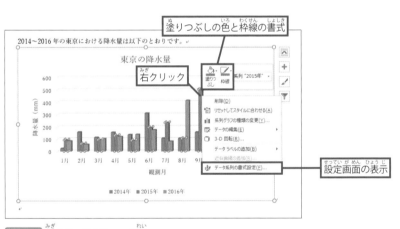

図24-8 右クリックメニューの例

図24-9 設定画面の例
（縦軸を右クリックした場合）

演　習

（1）ステップ23の演習（1）で作成した文書を開き、図24-2のように「**グラフ タイトル**」と「**軸ラベル**」を入力してみましょう。

（2）グラフに「**スタイル3**」のグラフ スタイルを適用してみましょう。

（3）**グラフ ツール**の［**デザイン**］タブにある「**グラフ要素を追加**」を利用し、「**凡例**」をグラフの**右**に配置してみましょう。

（4）**2016年**のグラフの色を「**赤**」に変更してみましょう。

Step 25

SmartArt（1）

Wordには、手順や関係などを図表（図形と文字）で示すことができる
SmartArtが用意されています。続いては、SmartArtを利用するときの操
作手順について解説します。

● SmartArtの作成

SmartArtは"図形"と"文字"を組み合わせたイメージ図のことで、手順や構
造、仕組みなどを視覚的に示す場合に利用します。文書にSmartArtを作成する
ときは、以下のように操作します。

図25-1 SmartArtを挿入する位置へ
カーソルを移動し、[挿入]タブにある
「SmartArt」をクリックします。

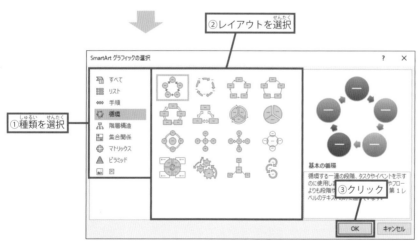

図25-2 「SmartArt グラフィックの選択」が表示されます。ここでSmartArtの
種類とレイアウトを選択し、[OK]ボタンをクリックします。

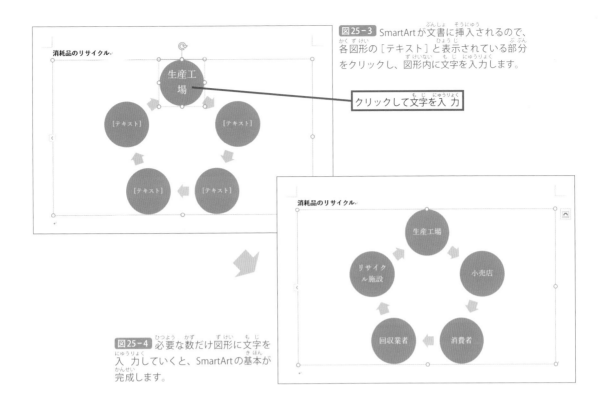

図25-3 SmartArtが文書に挿入されるので、各図形の［テキスト］と表示されている部分をクリックし、図形内に文字を入力します。

クリックして文字を入力

図25-4 必要な数だけ図形に文字を入力していくと、SmartArtの基本が完成します。

図形の追加と削除

通常、SmartArtには4～5個程度の図形が配置されていますが、この図形の数が説明したい内容と必ずしも一致しているとは限りません。SmartArtの図形の数が不足しているときは、以下のように操作して図形を追加します。

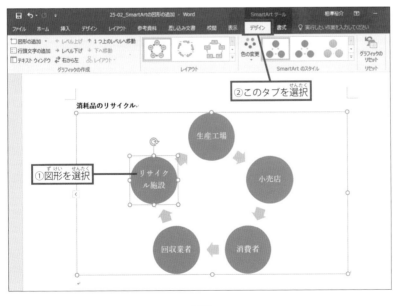

図25-5 図形を追加したい位置の隣にある図形を選択します。続いて、SmartArtツールの［デザイン］タブを選択します。

②このタブを選択

①図形を選択

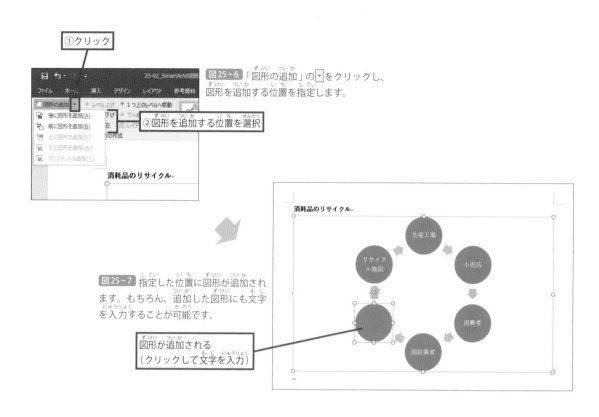

①クリック

②図形を追加する位置を選択

消耗品のリサイクル

図25-6 「図形の追加」の ▾ をクリックし、図形を追加する位置を指定します。

図25-7 指定した位置に図形が追加されます。もちろん、追加した図形にも文字を入力することが可能です。

図形が追加される
（クリックして文字を入力）

　これとは逆に、図形の数が多すぎる場合は、キーボードの［Delete］キーを使ってSmartArtから図形を削除します。

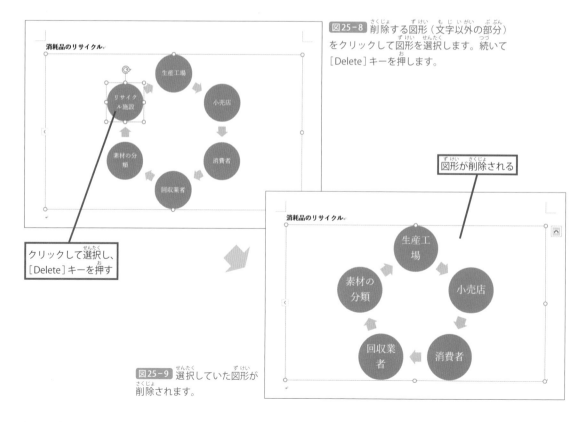

図25-8 削除する図形（文字以外の部分）をクリックして図形を選択します。続いて［Delete］キーを押します。

図形が削除される

クリックして選択し、
［Delete］キーを押す

図25-9 選択していた図形が削除されます。

● 図形内の文字の書式

ワンポイント

書式の一括指定
SmartArt内の余白をク
リックしてSmartArt全
体を選択し、文字の書式
を指定することも可能で
す。この場合は、すべて
の図形内の文字が一括変
更されます。SmartArt
全体のフォントを変更し
たり、太字を指定したり
するときに活用してくだ
さい。

図形内に入力した文字は、文字サイズが自動調整される仕組みになってい
ます。もちろん、自分で書式を指定することも可能です。文字の書式を変更す
るときは [ホーム] タブで書式を指定します。

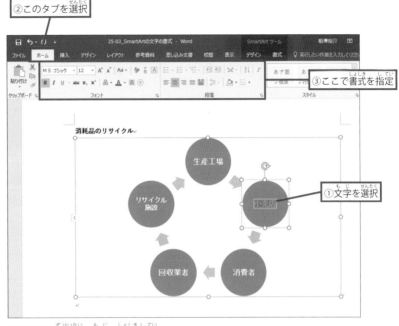

図25-10 図形内の文字の書式指定

演 習

（1）Wordを起動し、以下のようなSmartArtを含む文書を作成してみましょう。
（2）図形内の文字の書式を「MS ゴシック、22ポイント」に変更してみましょう。
《作業後は文書をファイルに保存しておきます》

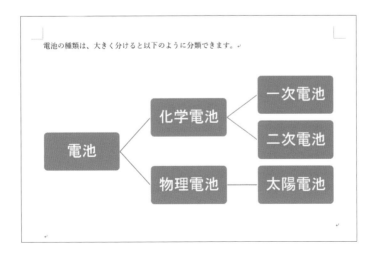

SmartArt（2）

Step 26

作成したSmartArtは、スタイルを適用してデザインを変更したり、各図形の色を変更したりできます。続いては、SmartArtが見やすくなるようにカスタマイズする方法を解説します。

● 図形のレベル

SmartArtによっては、図形に上下関係がある場合もあります。このようなSmartArtでは、選択している図形の前後だけでなく、上下にも図形を追加できます。

②クリック

①このタブを選択

③上下に図形を追加する場合

図26-1 図形を追加する位置の指定

また、図形のレベルを後から変更することも可能です。この場合は、SmartArtツールの［デザイン］タブにある「レベル上げ」または「レベル下げ」をクリックして図形のレベルを変更します。

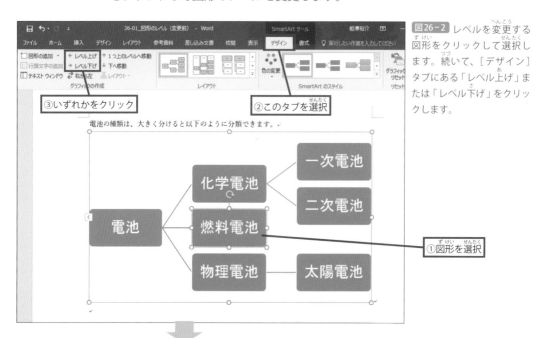

③いずれかをクリック

②このタブを選択

①図形を選択

図26-2 レベルを変更する図形をクリックして選択します。続いて、［デザイン］タブにある「レベル上げ」または「レベル下げ」をクリックします。

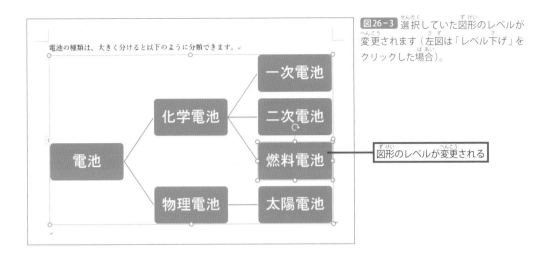

図26-3 選択していた図形のレベルが変更されます（左図は「レベル下げ」をクリックした場合）。

図形のレベルが変更される

SmartArtのスタイル

SmartArtにも、デザインを簡単に変更できる**スタイル**が用意されています。SmartArtにスタイルを適用するときは、以下のように操作します。

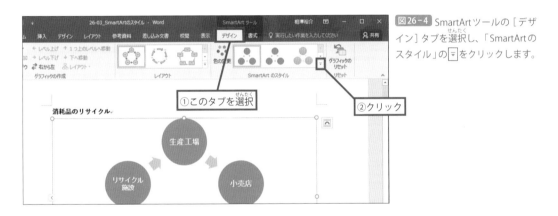

①このタブを選択

②クリック

図26-4 SmartArtツールの［デザイン］タブを選択し、「SmartArtのスタイル」の▽をクリックします。

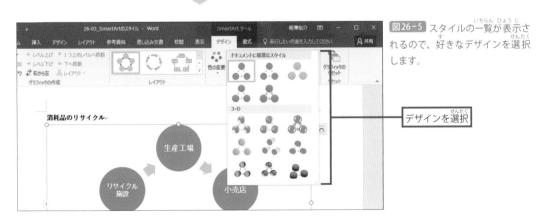

デザインを選択

図26-5 スタイルの一覧が表示されるので、好きなデザインを選択します。

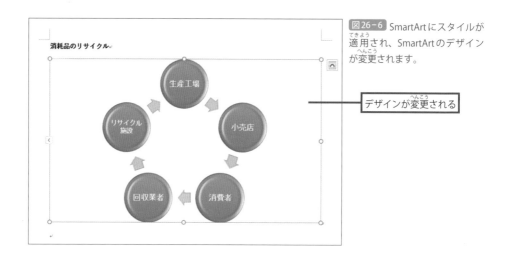

図26-6 SmartArtにスタイルが適用され、SmartArtのデザインが変更されます。

デザインが変更される

● SmartArtの色の変更

　SmartArtの色を変更したいときは「色の変更」を利用すると便利です。この一覧から好きな色の組み合わせを選択すると、SmartArt全体の色を手軽に変更できます。

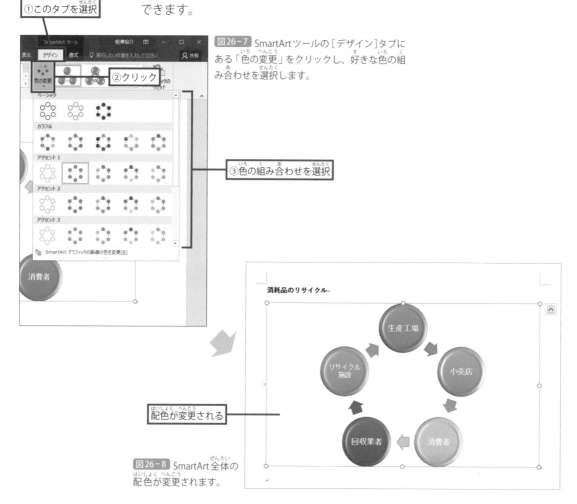

①このタブを選択

②クリック

図26-7 SmartArtツールの[デザイン]タブにある「色の変更」をクリックし、好きな色の組み合わせを選択します。

③色の組み合わせを選択

配色が変更される

図26-8 SmartArt全体の配色が変更されます。

108

● SmartArt ツールの [書式] タブ

各図形の色などを個別に指定するときは、SmartArt ツールの [書式] タブを利用します。ここでは、「図形の塗りつぶし」や「図形の枠線」、「図形の効果」といったコマンドで各図形の書式を指定できます。

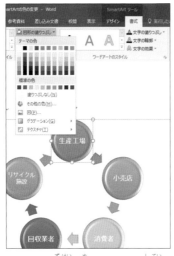
図26-9 「図形の塗りつぶし」の指定

図26-10 「図形の効果」の指定

演 習

（1）ステップ25の演習（2）で保存したファイルを開き、「化学電池」の下に「燃料電池」という図形を追加してみましょう。
※図形内の文字に「MS ゴシック、22ポイント」の書式を指定します。

（2）SmartArt のスタイルを「ブロック」に変更してみましょう。

（3）「色の変更」を利用し、SmartArt の配色を「カラフル アクセント3から4」に変更してみましょう。

（4）SmartArt ツールの [書式] タブを利用して、「化学電池」および「物理電池」の図形の色を「薄い緑」に変更してみましょう。

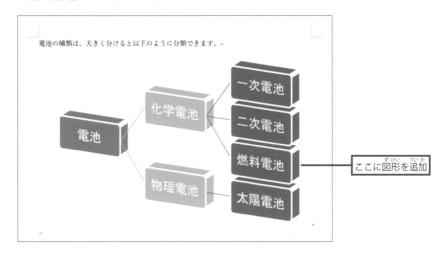

Step 27 タブの活用

文字を指定した位置に揃えて配置したいときは、タブを利用すると便利です。タブはキーボードの[Tab]キーを押すと入力できます。このステップでは、タブを効果的に活用する方法を解説します。

● ルーラーの表示

タブを利用するときは、文字数や行数を示す**ルーラー**を表示しておくと便利です。ルーラーの表示/非表示は[**表示**]**タブ**で指定します。

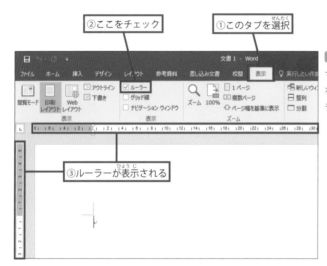

図27-1 ルーラーを表示するときは、[表示]タブを選択して「ルーラー」をチェックします。

● タブの概要とタブの入力

ワンポイント

タブ記号の表示
タブが入力されていることを示す → の記号は、[ホーム]タブで （編集記号の表示/非表示）をクリックすると表示できます。

キーボードの[Tab]キーを押すと、文書にタブを入力できます。タブは以降の文字を**タブ位置**に揃える機能となり、初期設定では4文字間隔（42ポイント間隔）でタブ位置が設定されています。

主格		所有格		目的格
I		my		me
you		your		you
he		his		him
she		her		her

図27-2 タブを利用すると、以降の文字をタブ位置に揃えて配置できます。
（図の点線は、4、8、12、16文字目を示しています）

タブ位置を自分で自由に指定することも可能です。タブ位置を指定する場合は、以下のように操作します。なお、タブ位置は**段落単位**で指定する書式となるため、あらかじめ対象とする段落を選択しておく必要があります。

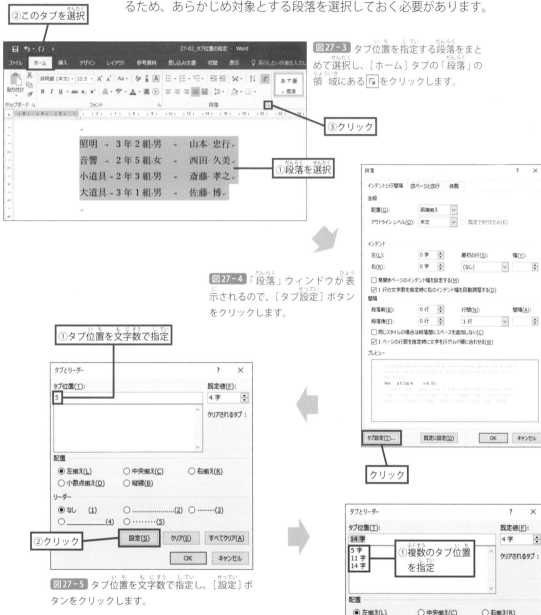

図27-3 タブ位置を指定する段落をまとめて選択し、[ホーム]タブの「段落」の領域にある 🔲 をクリックします。

図27-4 「段落」ウィンドウが表示されるので、[タブ設定]ボタンをクリックします。

図27-5 タブ位置を文字数で指定し、[設定]ボタンをクリックします。

図27-6 同様の操作を繰り返し、複数のタブ位置を指定することも可能です。全てのタブ位置を指定できたら[OK]ボタンをクリックします。

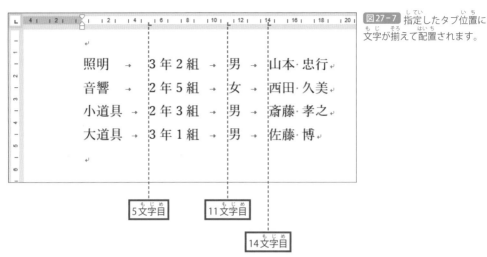

図27-7 指定したタブ位置に文字が揃えて配置されます。

5文字目
11文字目
14文字目

● タブ位置の種類

これまで解説してきたタブ位置は、「**左揃え**」のタブ位置となります。このほかにも、Wordには「**中央揃え**」「**右揃え**」「**小数点揃え**」といったタブ位置が用意されています。

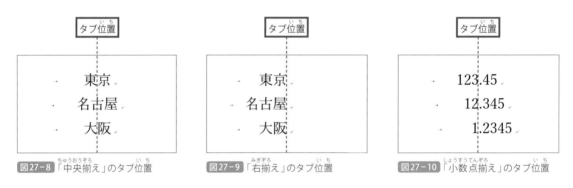

図27-8 「中央揃え」のタブ位置　　図27-9 「右揃え」のタブ位置　　図27-10 「小数点揃え」のタブ位置

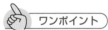ワンポイント

「縦線」のタブ位置

タブの種類に「縦線」を選択すると、指定した位置に縦線を表示できます。ただし「縦線」のタブ位置には、文字を揃える機能がないことに注意してください。

①タブ位置を文字数で指定

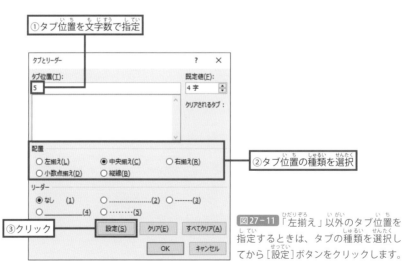

②タブ位置の種類を選択

③クリック

図27-11 「左揃え」以外のタブ位置を指定するときは、タブの種類を選択してから[設定]ボタンをクリックします。

タブにより空けられた間隔に、点線などの**リーダー**を表示することも可能です。リーダーを表示する場合は、リーダーの種類を選択してから［設定］ボタンをクリックします。

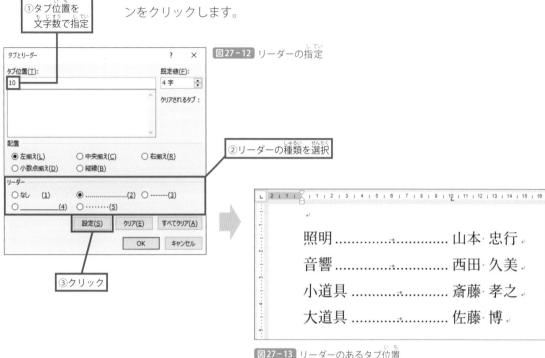

①タブ位置を文字数で指定

②リーダーの種類を選択

③クリック

図27-12 リーダーの指定

図27-13 リーダーのあるタブ位置

演 習

（1）**タブ**を利用し、以下のような文書を作成してみましょう。

※見出しの文字には、それぞれ以下の書式を指定します。

「コーンクリームのレシピ」……… メイリオ、16ポイント、太字

「材料」………………………………… 太字

※各材料を記した段落に「20字、右揃え、リーダーの種類（5）」のタブ位置を指定します。

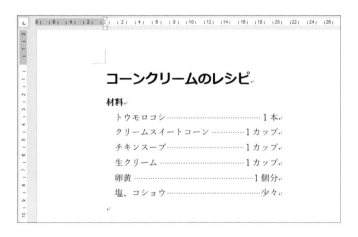

Step 28

検索と置換
けんさく　　ちかん

Wordには、文書から特定の語句を探し出すことができる検索機能が用意されています。また、特定の語句を他の語句に置き換えたい場合は、置換機能を利用すると便利です。

● 文字の検索
もじ　けんさく

　　文書内から特定の語句を探し出すときは、以下の手順で**検索**を実行すると、目的の語句を素早く見つけ出せます。

①このタブを選択

図28-1 [ホーム] タブの右端にある「検索」をクリックします。

②クリック

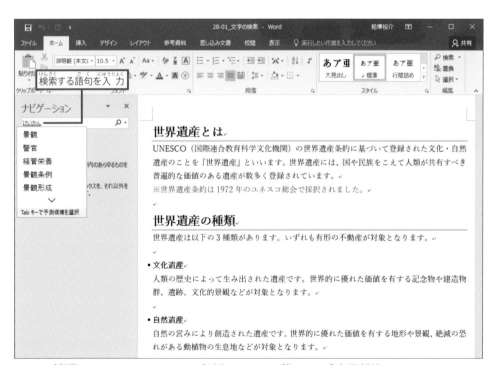

検索する語句を入力

図28-2 左側にナビゲーション ウィンドウが表示されるので、探している語句を入力します。

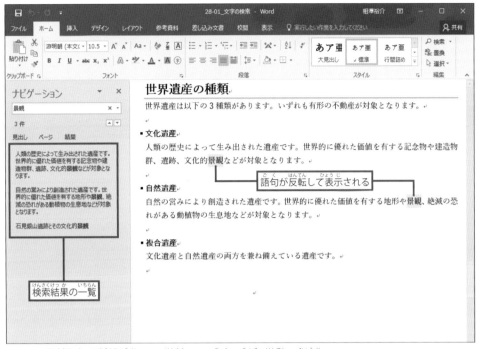

図28-3 検索結果が一覧 表示され、検索された語句が黄色く反転して表示されます。

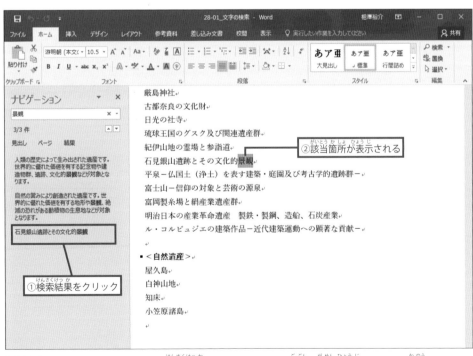

図28-4 ナビゲーション ウィンドウで検索結果をクリックし、その部分を画面に表示することも可能です。

● 文字の置換

"特定の語句"を"他の語句"に置き換えたい場合は、置換を利用すると便利です。置換を実行するときは以下のように操作します。

①このタブを選択

図28-5 ［ホーム］タブの右端にある「置換」をクリックします。

②クリック

①置換前の語句を入力

図28-6 このようなウィンドウが表示されるので、「置換前の語句」と「置換後の語句」を入力し、［次を検索］ボタンをクリックします。

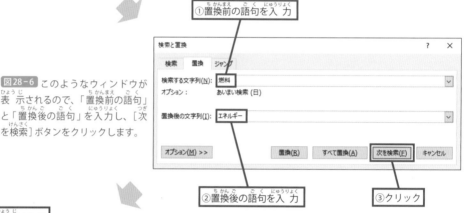

②置換後の語句を入力

③クリック

①検索結果が反転表示される

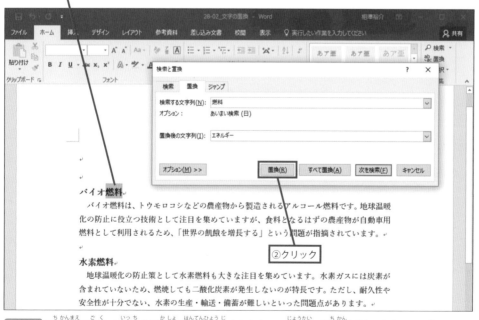

バイオ燃料
　バイオ燃料は、トウモロコシなどの農産物から製造されるアルコール燃料です。地球温暖化の防止に役立つ技術として注目を集めていますが、食料となるはずの農産物が自動車用燃料として利用されるため、「世界の飢餓を増長する」という問題が指摘されています。

水素燃料
　地球温暖化の防止策として水素燃料も大きな注目を集めています。水素ガスには炭素が含まれていないため、燃焼しても二酸化炭素が発生しないのが特長です。ただし、耐久性や安全性が十分でない、水素の生産・輸送・備蓄が難しいといった問題点があります。

②クリック

図28-7 「置換前の語句」に一致する箇所が反転表示されます。この状態で［置換］ボタンをクリックすると…、

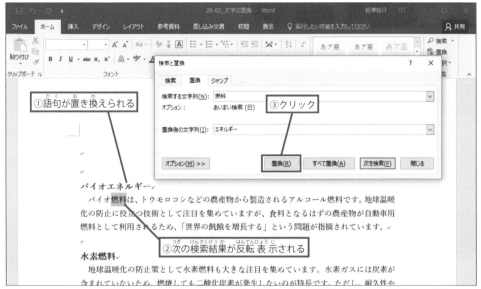

①語句が置き換えられる

③クリック

②次の検索結果が反転表示される

図28-8 その語句が「置換後の語句」に置き換えられ、次の検索結果が反転表示されます。続けて［置換］ボタンをクリックすると、この検索結果も「置換後の語句」に置き換えることができます。

🖝 ワンポイント

すべて置換

［すべて置換］ボタンをクリックすると、文書内にある全ての「置換前の語句」を「置換後の語句」に置き換えられます。ただし、置換される語句を1つずつ確認できないため、予想外の結果を招く場合があることに注意してください。

語句が置き換えられる

検索された語句を置き換えない場合

図28-9 検索結果を「置換後の語句」に置き換えたくない場合は、［次を検索］ボタンをクリックします。すると、現在の検索結果を置換せずに、次の検索結果へ進むことができます。

・・・・・・・・・・・・・・・・・ **演 習** ・・・・・・・・・・・・・・・・・

（1）**ステップ13の演習（4）**で保存したファイルを開き、「**文化遺産**」という文字を文書から**検索**してみましょう。

（2）続いて、「**価値を有する**」の文字を「**価値を持つ**」に置換してみましょう。

はがきの宛名面の印刷

Wordには、はがきの宛名面を印刷できる機能が用意されています。この機能の使い方の参考として、ステップ29では年賀状の宛名面をWordで印刷する方法を紹介します。

● はがき宛名面印刷ウィザード

はがきの宛名面を作成するときは「はがき印刷」を利用します。まずは、はがきの種類の指定と、差出人の氏名／住所を登録する方法から解説します。

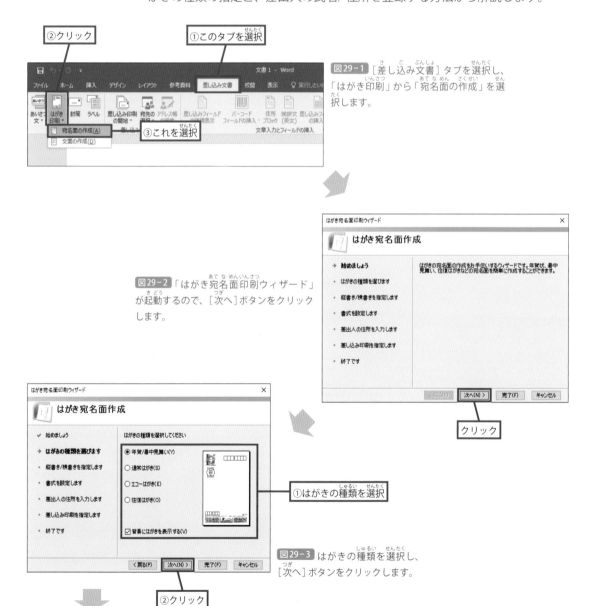

②クリック ①このタブを選択

③これを選択

図29-1 [差し込み文書] タブを選択し、「はがき印刷」から「宛名面の作成」を選択します。

図29-2 「はがき宛名面印刷ウィザード」が起動するので、[次へ]ボタンをクリックします。

クリック

①はがきの種類を選択

図29-3 はがきの種類を選択し、[次へ]ボタンをクリックします。

②クリック

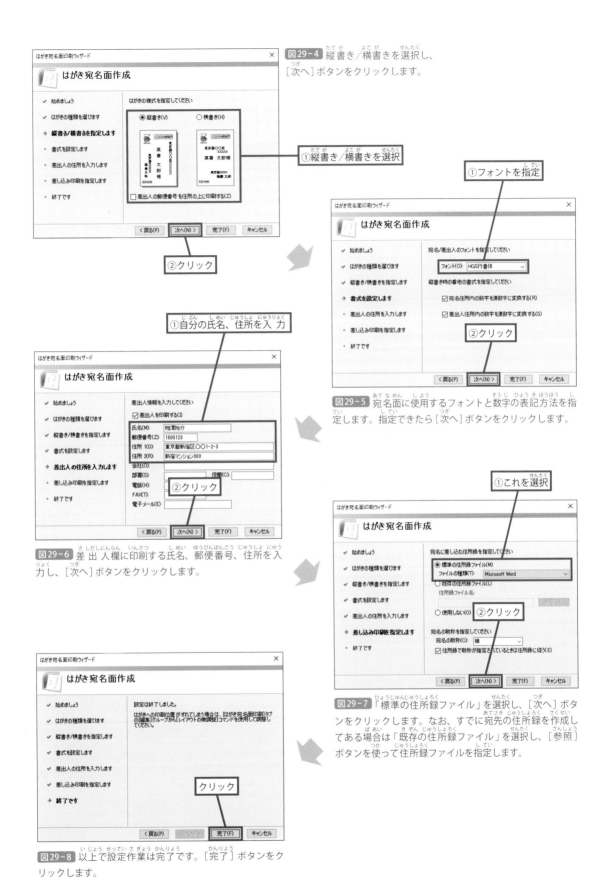

図29-4 縦書き／横書きを選択し、[次へ]ボタンをクリックします。

①縦書き／横書きを選択

②クリック

①フォントを指定

②クリック

図29-5 宛名面に使用するフォントと数字の表記方法を指定します。指定できたら[次へ]ボタンをクリックします。

①自分の氏名、住所を入力

②クリック

図29-6 差出人欄に印刷する氏名、郵便番号、住所を入力し、[次へ]ボタンをクリックします。

①これを選択

②クリック

図29-7 「標準の住所録ファイル」を選択し、[次へ]ボタンをクリックします。なお、すでに宛先の住所録を作成してある場合は「既存の住所録ファイル」を選択し、[参照]ボタンを使って住所録ファイルを指定します。

クリック

図29-8 以上で設定作業は完了です。[完了]ボタンをクリックします。

● 宛先の入力

ここまでの操作で「はがき宛名面印刷」の基本的な設定は完了しました。続いては、宛先の氏名、郵便番号、住所を以下の手順で入力します。

図29-9 ［差し込み文書］タブにある「アドレス帳の編集」をクリックします。

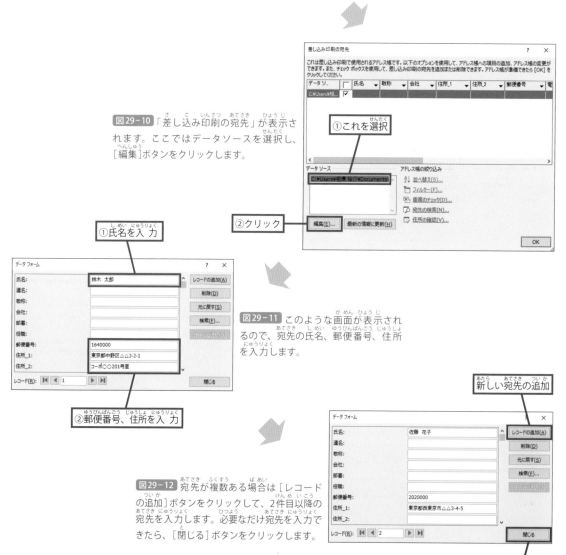

図29-10 「差し込み印刷の宛先」が表示されます。ここではデータソースを選択し、［編集］ボタンをクリックします。

①これを選択

②クリック

①氏名を入力

②郵便番号、住所を入力

図29-11 このような画面が表示されるので、宛先の氏名、郵便番号、住所を入力します。

新しい宛先の追加

図29-12 宛先が複数ある場合は［レコードの追加］ボタンをクリックして、2件目以降の宛先を入力します。必要なだけ宛先を入力できたら、［閉じる］ボタンをクリックします。

宛先の編集を終了

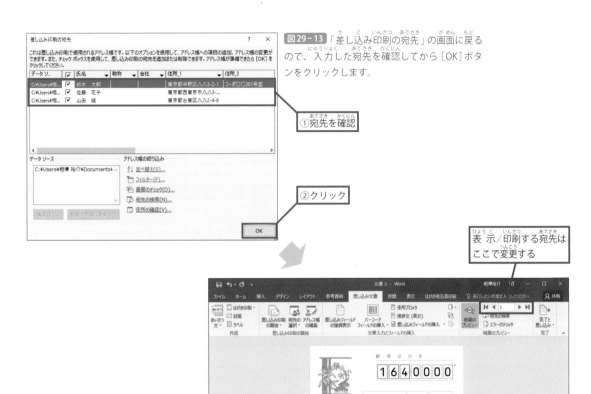

図29-13 「差し込み印刷の宛先」の画面に戻るので、入力した宛先を確認してから [OK] ボタンをクリックします。

①宛先を確認

②クリック

表示/印刷する宛先はここで変更する

図29-14 宛先が入力された状態で、はがきのイメージが表示されます。

● 宛名面の印刷

以上で、宛名面の作成は完了です。[ファイル]タブを選択し、通常の文書と同様の手順で印刷を実行すると、はがきに宛名面を印刷できます。なお、印刷を実行する際は、はがきをプリンターにセットする向きを間違えないように注意してください。

演習

（1）本ステップの解説を参考に、Wordではがきの宛名面を印刷してみましょう。
　　※ 宛先の氏名や住所は、各自で自由に入力してください。

数式の入力

理系の論文などでは複雑な数式を文書に入力する場合があります。この
ような場合は、Wordに用意されている数式ツールを使うと簡単に数式を
入力できます。最後に、数式ツールの利用方法を解説しておきます。

● 数式ツールの起動と文字入力

複雑な数式を文書に入力するときは数式ツールを利用します。数式ツールは、
以下のように操作すると起動できます。

②このタブを選択

③クリック

①カーソルを移動

図30-1 数式を挿入する位置にカーソルを移動し、[挿入]タブの右端にある「数式」をクリックします。

①このタブが選択される

②2回クリックする

図30-2 数式を入力する領域が表示され、数式ツールの[デザイン]タブが選択されます。ここでは、最初に「標準テキスト」を2回クリックしておくのが基本です。

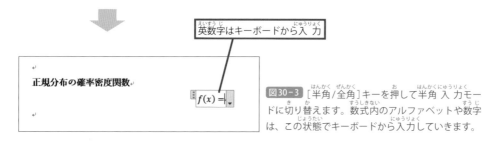

英数字はキーボードから入力

図30-3 [半角/全角]キーを押して半角入力モードに切り替えます。数式内のアルファベットや数字は、この状態でキーボードから入力していきます。

● 数式で使う記号の入 力

分数や積分記号 (∫)、根号 (√)、総和 (Σ) など、数式ならではの記号を入力するときは、**数式ツール**の [**デザイン**] **タブ**を利用します。たとえば分数を入 力する場合は、以下のように操作します。

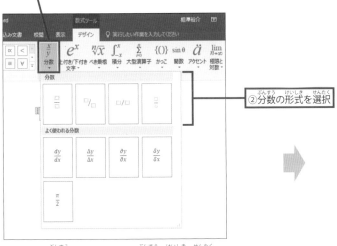

①クリック

②分数の形式を選択

クリックして入 力

図30-4 「分数」をクリックし、分数の形式を選択します。

図30-5 分数が挿入されるので、分子／分母の点線枠をクリックして文字や数字を入 力します。

● ギリシャ文字などの入 力

ギリシャ文字のように数学でよく使用する記号は、「**記号と特殊文字**」を利用して入力します。

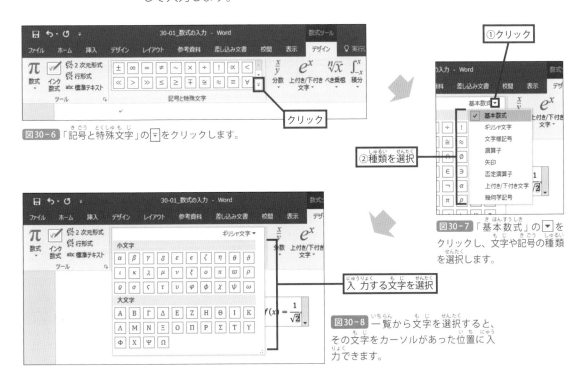

①クリック

クリック

図30-6 「記号と特殊文字」の⏷をクリックします。

②種類を選択

図30-7 「基本数式」の⏷をクリックし、文字や記号の種類を選択します。

入 力する文字を選択

図30-8 一覧から文字を選択すると、その文字をカーソルがあった位置に入 力できます。

● 括弧の入 力

括弧内に分数などを入力する場合は、キーボードから括弧を入力するのではなく、**数式ツール**の［デザイン］タブにある「かっこ」を利用します。

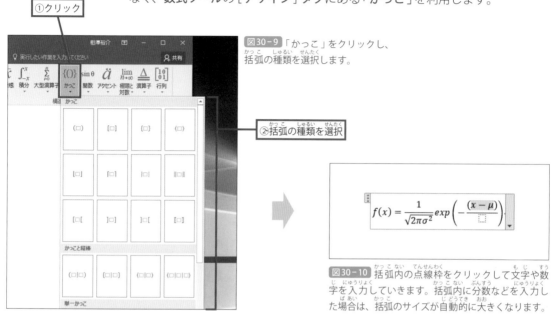

①クリック

②括弧の種類を選択

図30-9 「かっこ」をクリックし、括弧の種類を選択します。

$$f(x) = \frac{1}{\sqrt{2\pi\sigma^2}} exp\left(-\frac{(x-\mu)}{\Box}\right)$$

図30-10 括弧内の点線枠をクリックして文字や数字を入力していきます。括弧内に分数などを入力した場合は、括弧のサイズが自動的に大きくなります。

● 上付き文字、下付き文字の入 力

べき乗や添字を入力するときは、「上付き／下付き文字」を利用します。この場合は、先に文字を選択してから上付き／下付きの種類を選択します。

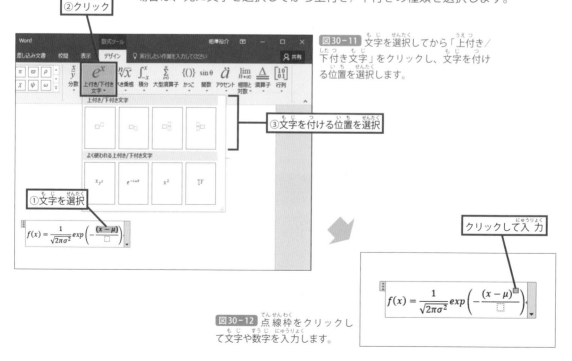

②クリック

①文字を選択

③文字を付ける位置を選択

図30-11 文字を選択してから「上付き／下付き文字」をクリックし、文字を付ける位置を選択します。

クリックして入 力

$$f(x) = \frac{1}{\sqrt{2\pi\sigma^2}} exp\left(-\frac{(x-\mu)}{\Box}\right)$$

図30-12 点線枠をクリックして文字や数字を入力します。

● 数式 入 力の完 了

数式を入力できたら、数式の右端にある ▾ をクリックし、数式の配置方法を指定します。

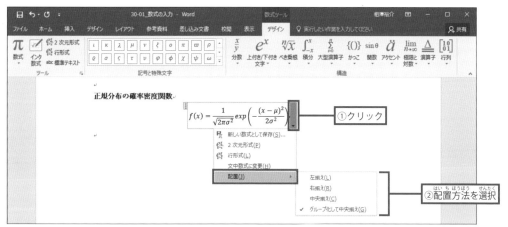

図30-13 最初は「グループ化して中央揃え」で数式が配置されています。これを他の配置方法に変更するときは、「配置」から好きな配置方法を指定します。

ワンポイント

数式の文字の書式
作成した数式は、［ホーム］タブを使って文字サイズや文字色などの書式を指定することが可能です。ただし、フォントを変更することはできません。

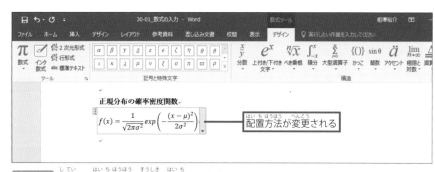

図30-14 指定した配置方法で数式が配置されます。

演 習

（1）Wordを起動し、以下のような**数式**を作成してみましょう。
　　※「2次方程式の解」の文字には、「MS ゴシック、14ポイント、太字」の書式を指定します。
（2）数式の**文字サイズ**を「**16ポイント**」に変更してみましょう。また、「**±**」の**文字色**を「**赤**」に変更してみましょう。

2 次方程式の解

$$x = \frac{-b \pm \sqrt{b^2 - 4ac}}{2a}$$

索引 Index

ご質問がある場合は・・・

本書の内容についてご質問がある場合は、本書の書名ならびに掲載箇所のページ番号を明記の上、FAX・郵送・Eメールなどの書面にてお送りください（宛先は下記を参照）。電話でのご質問はお断りいたします。また、本書の内容を超えるご質問に関しては、回答を控えさせていただく場合があります。

新刊書籍、執筆陣が講師を務めるセミナーなどをメールでご案内します

登録はこちらから

http://www.cutt.co.jp/ml/entry.php

情報演習 ㊲

留学生のための

Word 2016 ワークブック　ルビ付き

2020年4月20日　初版第1刷発行

著　者	相澤 裕介
発行人	石塚 勝敏
発　行	株式会社 カットシステム
	〒169-0073 東京都新宿区百人町4-9-7　新宿ユーエストビル8F
	TEL　（03）5348-3850　　FAX　（03）5348-3851
	URL　http://www.cutt.co.jp/
	振替　00130-6-17174
印　刷	シナノ書籍印刷 株式会社

本書に関するご意見、ご質問は小社出版部宛まで文書か、sales@cutt.co.jp 宛に e-mail でお送りください。電話によるお問い合わせはご遠慮ください。また、本書の内容を超えるご質問にはお答えできませんので、あらかじめご了承ください。

Cover design *Y.Yamaguchi*　　　　　　　Copyright©2017　相澤 裕介

Printed in Japan　ISBN 978-4-87783-795-2

30ステップで基礎から実践へ！ ステップバイステップ方式で確実な学習効果をねらえます

留学生向けのルビ付きテキスト（漢字にルビをふってあります）

情報演習Ⓒステップ30
留学生のためのタイピング練習ワークブック Windows 10 版　　ISBN978-4-87783-800-3／本体 800 円

情報演習㊳ステップ30
留学生のための Word 2016 ワークブック　本文カラー　ISBN978-4-87783-795-2／本体 900 円

情報演習㊴ステップ30
留学生のための Excel 2016 ワークブック　本文カラー　ISBN978-4-87783-796-9／本体 900 円

情報演習㊷ステップ30
留学生のための PowerPoint 2016 ワークブック　本文カラー　ISBN978-4-87783-805-8／本体 900 円

情報演習㊹　**留学生のための Word ドリルブック**　本文カラー　ISBN978-4-87783-797-6／本体 900 円

情報演習㊺　**留学生のための Excel ドリルブック**　本文カラー　ISBN978-4-87783-798-3／本体 900 円

情報演習㊻　**留学生のための PowerPoint ドリルブック**　本文カラー　ISBN978-4-87783-799-0／本体 900 円

情報演習㊼ステップ30
留学生のための HTML5 & CSS3 ワークブック　　ISBN978-4-87783-808-9／本体 900 円

情報演習㊽ステップ30
留学生のための JavaScript ワークブック　　ISBN978-4-87783-807-2／本体 900 円

大判本 A4判　情報演習㊸ステップ30
留学生のための Python [基礎編] ワークブック　　ISBN978-4-87783-806-5／本体 900 円

タッチタイピングを身につける

情報演習Ⓑステップ30
タイピング練習ワークブック Windows 10 版
ISBN978-4-87783-838-6／本体 800 円

Office のバージョンに合わせて選べる

情報演習㉓ステップ30
Word 2013 ワークブック
ISBN978-4-87783-828-7／本体 800 円

情報演習㉔ステップ30
Excel 2013 ワークブック
ISBN978-4-87783-829-4／本体 800 円

情報演習㉕ステップ30
PowerPoint 2013 ワークブック
ISBN978-4-87783-830-0／本体 800 円

情報演習㉖ステップ30
Word 2016 ワークブック
ISBN978-4-87783-832-4／本体 900 円　本文カラー

情報演習㉗ステップ30
Excel 2016 ワークブック
ISBN978-4-87783-833-1／本体 900 円　本文カラー

情報演習㉘ステップ30
PowerPoint 2016 ワークブック
ISBN978-4-87783-834-8／本体 900 円　本文カラー

Photoshop を基礎から学習

情報演習㉚ステップ30
Photoshop CS6 ワークブック
ISBN978-4-87783-831-7／本体 1,000 円　本文カラー

ホームページ制作を基礎から学習

情報演習㉟ステップ30
HTML5 & CSS3 ワークブック [第 2 版]
ISBN978-4-87783-840-9／本体 900 円

情報演習㊱ステップ30
JavaScript ワークブック [第 3 版]
ISBN978-4-87783-841-6／本体 900 円

コンピュータ言語を基礎から学習

情報演習㉛ステップ30
Excel VBA ワークブック
ISBN978-4-87783-835-5／本体 900 円

情報演習㉜ステップ30
C 言語ワークブック 基礎編
ISBN978-4-87783-836-2／本体 900 円

情報演習⑥ステップ30
C 言語ワークブック
ISBN978-4-87783-820-1／本体 800 円

情報演習⑦ステップ30
C++ ワークブック
ISBN978-4-87783-822-5／本体 800 円

情報演習⑧ステップ30
Java ワークブック
ISBN978-4-87783-824-9／本体 800 円

情報演習㉝ステップ30
Python [基礎編] ワークブック
ISBN978-4-87783-837-9／本体 900 円

ローマ字一覧

あ行

あ	A ち	
い	I に	
う	U な	
え	E いい	
お	O ら	
ぁ	X さ	A ち
ぃ	X さ	I に
ぅ	X さ	U な
ぇ	X さ	E いい
ぉ	X さ	O ら

か行

か	K の	A ち
き	K の	I に
く	K の	U な
け	K の	E いい
こ	K の	O ら
きゃ	K の	Y ん	A ち
きゅ	K の	Y ん	U な
きょ	K の	Y ん	O ら

さ行

さ	S と	A ち
し	S と	I に
す	S と	U な
せ	S と	E いい
そ	S と	O ら
しゃ	S と	Y ん	A ち
しゅ	S と	Y ん	U な
しょ	S と	Y ん	O ら

た行

た	T か	A ち
ち	T か	I に
つ	T か	U な
て	T か	E いい
と	T か	O ら
ちゃ	T か	Y ん	A ち
ちゅ	T か	Y ん	U な
ちょ	T か	Y ん	O ら

な行

な	N み	A ち
に	N み	I に
ぬ	N み	U な
ね	N み	E いい
の	N み	O ら
にゃ	N み	Y ん	A ち
にゅ	N み	Y ん	U な
にょ	N み	Y ん	O ら

は行

は	H く	A ち
ひ	H く	I に
ふ	H く	U な
へ	H く	E いい
ほ	H く	O ら
ひゃ	H く	Y ん	A ち
ひゅ	H く	Y ん	U な
ひょ	H く	Y ん	O ら

ま行

ま	M も	A ち
み	M も	I に
む	M も	U な
め	M も	E いい
も	M も	O ら
みゃ	M も	Y ん	A ち
みゅ	M も	Y ん	U な
みょ	M も	Y ん	O ら